Christiana Breim

Free Tekno

Kulturwissenschaft

Band 36

LIT

Christiana Breinl

FREE TEKNO

Geschichte einer Gegenkultur

LIT

Umschlaggrafik:© by XMC.23

Gedruckt mit Unterstützung von

Bibliografische Information der Deutschen Nationalbibliothek
Die Deutsche Nationalbibliothek verzeichnet diese Publikation in der Deutschen Nationalbibliografie; detaillierte bibliografische Daten sind im Internet über http://dnb.d-nb.de abrufbar.

ISBN 978-3-643-50376-3

Wien 2012
Krotenthallergasse 10/8
A-1080 Wien
Tel. +43 (0) 1-409 56 61
Fax +43 (0) 1-409 56 97
e-Mail: wien@lit-verlag.at
http://www.lit-verlag.at

LIT VERLAG Dr. W. Hopf
Berlin 2012
Verlagskontakt:
Fresnostr. 2
D-48159 Münster
Tel. +49 (0) 2 51-620 320
Fax +49 (0) 2 51-23 19 72
e-Mail: lit@lit-verlag.de
http://www.lit-verlag.de

Auslieferung:
Deutschland: LIT Verlag Fresnostr. 2, D-48159 Münster
Tel. +49 (0) 2 51-620 32 22, Fax +49 (0) 2 51-922 60 99, e-Mail: vertrieb@lit-verlag.de
Österreich: Medienlogistik Pichler-ÖBZ, e-Mail: mlo@medien-logistik.at
Schweiz: B + M Buch- und Medienvertrieb, e-Mail: order@buch-medien.ch

Inhaltsverzeichnis

Vorwort

Meine Leidenschaft zu repetitiven Beats zu tanzen führte mich im Laufe der Zeit durch verschiedene elektronische Musikrichtungen und ihre dazugehörigen Szenen. Die offensichtlichen Unterschiede und Eigenarten jedes elektronischen Musikgenres und des jeweiligen Publikums machten mich auf die vielseitigen Möglichkeiten musikalischer Interpretationen und die sie begleitenden Ausdrucksmittel aufmerksam. Ich begann, neben dem Tanzen auch meine Umgebung intensiv wahrzunehmen.

Mein persönlicher Zugang zu elektronischer Musik fand Ende der 90er Jahre über Drum and Bass[1] statt. Der Begriff bezeichnet ein Musikgenre, das sich anfang der 90er Jahre in England aus den bereits vorhandenen Unterteilungen elektronischer Musik entwickelte. Auf den von mir besuchten Drum and Bass-Parties standen in erster Linie das Tanzen und die vielseitigen, komplexen Sounds im Mittelpunkt. Auch Visuals – schnelle, zum Rhythmus passende auf Leinwand projizierte Bildabfolgen – waren fester Bestandteil der meisten Parties. Mit der Musik zusammenhängende Botschaften bzw Lebenseinstellungen waren für mich hingegen weniger ersichtlich.

Danach führte mich meine Vorliebe für schnellen Rhythmus kombiniert mit stark betontem Bass zu Goa[2], einer weiteren Richtung aus der gesamten Electronic-Dance-Music (vgl. St John 2005, 2009). Im Unterschied zu Drum and Bass-Parties, fielen mir auf Goa-Parties neben der Musik auch dahinter liegende Sichtweisen und Werthaltungen auf. Goa bzw Psytrance entstand

---

1 Drum and Bass ist eine Weiterführung von Jungle und zeichnet sich durch seine „gebrochenen" Rhythmen (Breaks) und extrem tiefe Basslines aus. Eigentlich bezeichnet der Begriff Drum and Bass ein elektronisches Musikgenre an sich. Er wird aber auch oft als Überbegriff für verschiedene Spielarten verwendet. Vorgänger, Weiterführungen oder verwandte Genres sind zB: Jungle, Dub, Jump-Up-, Liquid-, Dark-, Soulful-, Old Scool-D&B, Two Step, Break Beat, Dubstep etc. (vgl. http://www.technoguide.de/a/Drum-n-Bass/Was-ist-DrumnBass-Der-Techno-Guide.html, 03.09. 2009)

2 Goa, bzw Psytrance ist eine Mischung aus Trance und Hard Trance und kann auch als psychedelischer Techno bezeichnet werden. Weitere Kategorien sind unter anderen Full On oder Progressive.

Ende der 80er Jahre in Goa/Indien. Der Ort war seit den 70er Jahren ein bevorzugtes Reiseziel von Hippies, Travellern und vielen weiteren „Aussteigern" aus „westlichen" Gesellschaftsstrukturen. Goa entwickelte sich zu einer eigenständigen Bewegung, die stark mit Idealen der 68er-Bewegung und spirituellen Sichtweisen verknüpft ist. Alternative Lebensansätze und systemkritische Werthaltungen spielen in dieser elektronischen Musikkultur für viele Beteiligte eine wesentliche Rolle (vgl. Puschl-Schliefnig 2008).

Mein Weg führte mich schließlich zu Tekno[3]-Musik, die ich zu Beginn in öffentlichen Locations kennenlernte. Am Anfang in erster Linie vom Rhythmus gefangen, entdeckte ich erst mit der Zeit die vielseitigen weiteren Ideologien und Sichtweisen, die hinter den Worten Free Tekno stehen. Wie Goa entwickelte sich Free Tekno in den 90er Jahren – allerdings in England – mit der Zeit zu einer eigenen Bewegung. Um etwas verstehen zu können, ist es meines Erachtens wichtig zu erfahren, wie sich etwas entwickelt hat. In Bezug auf die Free Tekno Bewegung wollte ich demnach zuerst die geschichtliche Entwicklung aufzeigen, um dann nachvollziehen zu können, wie die Bewegung in Österreich zustande kam und sich derzeit ausdrückt. Ich begann mich mit vielen Beteiligten der Free Tekno-Szene auf Parties in Wien und Umgebung zu unterhalten und beschloss meine Diplomarbeit diesem Thema zu widmen.

Das vorliegende Buch entstand aufgrund vielseitiger Unterstützung folgender Personen: Besonders danke ich meinen Eltern und meiner Schwester, die mich in jeglicher Hinsicht immer gefördert und motiviert haben und mir mit Rat und Tat zur Seite gestanden sind. Bei Dr. Patric Kment möchte ich mich für das Vertrauen in meine Fähigkeiten und für seine förderlichen Ratschläge bedanken. Ohne seinen fokussierenden Blick auf das Wesentliche würde ich jetzt noch an der Arbeit schreiben. Dr. Manfred Kremser danke ich, dass er mir die Bearbeitung des vorliegenden Themas ermöglicht hat. Auch meinen Interviewpartnern möchte ich herzlich für ihren Zeitaufwand, ihr Vertrauen und die interessanten Gespräche bedanken.

3 Tekno entwickelte sich aus amerikanisch/englischem Techno Anfang der 90er Jahre und zeichnet sich durch eine hohe Bpm-Anzahl (Beats per minute) aus. Von vielen Seiten aufgegriffen entstanden ebenfalls zahlreiche weitere Genres wie beispielsweise Acid-Tekno, Frenchcore, HardTek, oder Happy Hardcore.

I. Einleitung

> „Egal ob Punk oder Techno, ob HipHop oder der frühe Rock, all diese Strömungen haben im Underground begonnen. Als Gegenkultur, als Abgrenzung zur Mainstream-Culture. Und immer ging es um Freiräume, um die Möglichkeit sich entfalten zu können, kreativ zu sein, um gemeinschaftliche Projekte, letztlich um ein selbstbestimmtes Leben. Und immer dort, wo diese Gegenkultur bestimmte vorgegebene Grenzen nicht mehr beachtete, wurde von Seiten des Staates, von Seiten des Establishments zurückgeschlagen".[4]

Ende der 80er Jahre brach in England der „Acid Hype"[5] aus und unzählige junge Menschen verfielen der neuen elektronischen Musik und der dazugehörenden Droge Ecstasy. England wurde vom Partyfieber gepackt und in den Städten und am Land organisierten sich unzählige Menschen, um gemeinsam nach der Sperrstunde der Clubs weiter zu feiern. Leerstehende Lagerhallen, oder verlassene Industriezonen wurden im Sinne des Do-it-Yourself-Prinzips zu Partylocations umfunktioniert. Ausgehend von kommerziell veranstalteten Raves[6] und Acid-Club-Nächten, bildeten sich Gruppen von Menschen, die sich ihr eigenes Sound System – eine jamaikanische Tradition fortführend – zusammenbauten, und Free Parties veranstalteten (vgl. Shapiro 1995; Collin/Godfrey 1998; Hemment 1998; Wright 1998; Wilson/Atkinson 2005; St John 2009). Es dauerte nicht lange und die neuen elektronischen Genres und die aufkommende Party-Kultur wurden von der Musikindustrie aufgegriffen und im Sinne einer profitorientierten Verwertungslogik angeeignet. Die von den Medien ge-

4 (http://www.sterneck.net/musik/ sterneck-inseln/index.php, 02.11.2009).

5 Acid House bezeichnet ein Musikgenre, das sich aus der House Musik entwickelt hat und in England Ende der 80er Jahre eine ganze Generation in Extase versetzte. Darauf wird ausführlich in einem späteren Kapitel Bezug genommen.

6 Als Raves werden große, elektronische Musikparties bezeichnet.

schürte Hysterie gegen Acid House lenkte zusätzlich die Aufmerksamkeit des Staates auf das Geschehen. Regierungsmitglieder versuchten mit repressiven Gesetzen der aufkommenden Bewegung ein Ende zu bereiten (vgl. Reynolds 1998; Rietveld 1998; Sterneck 1999; St John 2005; 2009).

Die 80er Jahre in England waren auch geprägt von Free Festivals. Bereits Ende der 60er Jahre fanden in England riesige Rock-Festivals auf der Isle of Wight statt, die von Musiklegenden wie Jimi Hendrix oder Bob Dylan beehrt wurden.[7] Free Festivals entwickelten sich als Antwort auf die kommerzieller werdenden Rock Festivals, die von Hippies, Umweltaktivisten, Hausbesetzern und anderen autonom denkenden Menschen initiiert wurden (vgl. Stone, 1996). Ende der 80er Jahre bekamen die Free Festivals Zuwachs durch die neue elektronische Party-Kultur und die ersten Sound Systeme brachten die neue Musik auf die Veranstaltungen. Das gemeinsame Ziel, der aufkommenden Vermarktung elektronischer Musik-Kultur entgegen zu halten, wurde vor allem von einem Sound System besonders verfolgt, Spiral Tribe (vgl. Collin/ Godfrey 1998; Reynolds 1998; Sterneck 1999; St John 2005, 2009):

> „Freie Parties, freie Musik, freie Menschen – das ist unsere Maxime, das ist die Grundidee des Spiral Tribe. Jede einzelne Person im Spiral Tribe trägt dazu mit ihrer eigenen Kreativität bei. Die Musikindustrie hat schon viel zu lange die MusikerInnen und die HörerInnen ausgesaugt. Wir können dagegen unsere eigenen Parties, Raves und Konzerte so gestalten wie wir es wollen, nicht des Profits wegen, sondern um gemeinsam etwas zu entwickeln" (Spiral Tribe 23 in: Sterneck 1999:152).

Die Free Festivals erfreuten sich immer größeren Zulaufs und fanden ihren Höhepunkt 1992 in Südengland bei Castlemorton, als über 25000 Menschen zusammen trafen und eine Woche lang feierten. Die Antwort der Regierung auf die selbstorganisierten, autonomen Free Festivals und Free Parties folgte in Form des Criminal Justice Act, der ihre Durchführung von staatlichen Genehmigungen und Auflagen abhängig und damit praktisch unmöglich machte. Der Criminal Justice Act zielte im gleichen Zusammenhang auf die Zerschlagung der Hausbesetzer-Szene und der umher reisenden Travellers[8] ab,

7 (vgl.http://www.isleofwightfestival.com/festival-history.aspx, 28.05.2009)

8 Das Wort „Traveller" bezeichnet Menschen mit einem nomadischen Lebensstil. Eine große Traveller-Community entwickelte sich in England in den 70er und 80er Jahren, als alternative Lebensform zu der staatlich vorgegebenen Gesellschaftsordnung (vgl. Kap.4.)

wodurch gleich mehrere alternative Lebensformen kriminalisiert wurden (vgl. Lowe/Shaw 1993; Stone 1996; Collin/Godfrey 1998; Sterneck 1999):

> „Es ist ein Angriff auf jeden gegenkulturellen Ansatz. Aber das Land gehört nicht ihnen. Es gehört uns allen, es gehört der Gemeinschaft. Sie haben kein Recht den Leuten zu verbieten in leerstehenden Häusern zu wohnen, in Wohnwagen durch das Land zu ziehen, dort zu feiern, wo sie wollen. Und es wird ihnen trotz aller Gesetze auch nicht gelingen, die Party wird weiter gehen ..." (Spiral Tribe 23 in: Sterneck 1999:155).

Diese Umstände und die gesamte politische Lage in England bewogen einige Urheber des Spiral Tribe und anderer Sound System-Kollektive, England Anfang der 90er Jahre zu verlassen (vgl. Reynolds, 1998; St John, 2009). Durch die nomadische Lebensweise der Sound Systeme wurden die Grundideen von „Free Party" und „Free Music" am europäischen Festland und in andere Länder der Welt verbreitet (vgl. World Traveller Adventures, 2004). Aus dieser Dynamik entwickelte sich die Free Tekno-Bewegung, die ein internationales Netzwerk an lokalen Free Tekno-Communities, unter anderem auch in Österreich, hervorbrachte. Das vorliegende Buch soll Einblicke in die geschichtliche Entwicklung der Free Tekno-Bewegung und den gesellschaftspolitischen und soziokulturellen Vorbedingungen geben. Ein Abriss der Entwicklung elektronischer Musik im Allgemeinen möchte eine Vorstellung von der Vielseitigkeit elektronischer Musik geben. Allen, die sich genauer für diese Thematik interessieren, möchte ich die verschiedenen Literaturhinweise im jeweiligen Kapitel nahelegen.

Einen zentralen Teil des Buches nimmt das Kapitel über Großbritannien in den 80er Jahren ein, da hier die Vorbedingungen und Ursprünge der Free Tekno-Bewegung zu finden sind. Chicago House und Detroit Techno eroberten über mehrere Wege die Britischen Inseln. Die transformierten Musikgenres veränderten sich weiter und produzierten gleichzeitig immer mehr neue Stile, Bezeichnungen, Gruppen, Szenen und Ausdrucksformen. In dieser Dynamik entwickelten sich auch die ersten englischen Sound Systeme und das bereits in den 70er Jahren gelebte Konzept von Free Festivals wurde von den Musikkollektiven als zentrales Element übernommen. Die Grundideen des Spiral Tribe und ihre Aktionen trugen entscheidend zur internationalen Entwicklung der Free Tekno-Bewegung bei. Die geschichtliche Herangehensweise soll den Einfluss von Spiral Tribe auf die sich herausbildende, neue Free Tekno-Bewegung veranschaulichen und den Zusammenhang von politischen, wirtschaftlichen, sozialen und kulturellen Rahmenbedingungen aufzeigen.

Die empirische Forschung in Österreich im letzten Teil des Buches soll exemplarisch aufzeigen, wie sich die Free Tekno-Bewegung in diesem Land entwickelte und wie verschiedene soziokulturelle Merkmale dieser Musikkultur zum Ausdruck gelangen. Wie haben sich diverse Free Tekno-Sichtweisen festgesetzt und welche Bedeutung kommt ihnen aus Sicht der Beteiligten nach wie vor zu? Des Weiteren soll dargelegt werden, welche Intentionen, Strukturen und Diskurse hinter der Organisation von Free Parties stehen, und inwiefern auch politische Ansprüche dabei eine Rolle spielen. Dabei verwende ich Daten, die aus verschiedenen Quellen resultieren: teilnehmende Beobachtung, informelle Gespräche, qualitativ geführte Interviews. Diese unterschiedlichen Zugänge sollen eine vielschichtige Erfassung des vorliegenden Themas ermöglichen und der Komplexität der Realität annähernd gerecht werden. Die forschungsleitenden Fragestellungen wurden in der vorliegenden empirischen Untersuchung mit Methoden der qualitativen Sozialforschung umgesetzt (vgl. Flick 2000, Hauser-Schäublin 2003, Schlehe 2003, Glaser/Strauss 2005, Przyborski/Wohlrab-Sahr 2008). Auf die abschließende Zusammenfassung der Erkenntnisse folgt ein Ausblick auf die weitere Entwicklung der Free Tekno-Bewegung und mögliche Forschungsfelder.[9]

Die neu aufkommende Electronic-Dance-Music-Culture (vgl. St John 2009) wurde vor allem in den 90er Jahren von verschiedenen Autoren aufgegriffen und in diversen Büchern festgehalten. Als zentrale Referenzpunkte für die historische Entwicklung der neuen EDMC diente unter anderem das detaillreiche Werk „Im Rausch der Sinne" (1998) von Matthew Collin und John Godfrey, sowie Simon Reynold's „Generation Ecstasy" (1998). Einen persönlichen Erfahrungsbericht der Ereignisse in England in den 70er und 80er Jahren steuerte C.J. Stone mit seinem Buch „Fierce Dancing" (1996) bei. Harry Shapiro's „Sky High" (1995) lieferte in diesem Zusammenhang eine globalere Auseinandersetzung mit diversen Musik-Kulturen und den sie begleitenden Drogen im 20. Jahrhundert.

Besonders die Entwicklung von Techno wurde im deutschsprachigen Raum von mehreren Seiten aufgegriffen und in zahlreichen Publikationen dokumentiert (Anz/Walder 1995; Blask/Fuchs-Gamböck 1995; Cousto 1995; Pesch/Weisbeck 1995; Böpple/Knüfer 1996). Hierbei nimmt das Werk „Techno" von den Herausgebern Anz und Walder einen besonderen Stellenwert ein, da es

9 Um den Lesefluß nicht zu beeinträchtigen, wird in den nachfolgenden Kapiteln auf die Kursivierung von gängigen Begriffen, wie z.B. Tekno, Techno, Acid-House, Free Party, Free Festival, etc., verzichtet.

umfassend auf die musikalische und soziokulturelle Entwicklung der „Techno-Kultur“ Bezug nimmt (vgl. Anz/Walder 1995). In Hinblick auf eine konstruktive Auseinandersetzung mit Drogenkonsum auf elektronischen Musik-Parties liefert Hans Cousto's Buch „Vom Urkult zur Kultur“ (1995) einen essentiellen Beitrag zu dieser Thematik.

Nach eingehender Literaturrecherche konnten leider nur wenige Publikationen ausgemacht werden, die explizit auf die Free Tekno-Bewegung Bezug nehmen. In diesem Zusammenhang ist in erster Linie Graham St John's „Technomad“ (2009) zu nennen, der einen umfangreichen Einblick in diverse Electronic Dance Music Cultures gibt und den Entwicklungen der Free Tekno-Bewegung am gründlichsten auf der Spur ist. Autoren wie Simon Reynolds, Matthew Collin, John Godfrey, sowie der Sammelband von George McKay (1998) liefern weitere grundlegende Beiträge. Eine weitreichende, einzig auf die Free Tekno-Bewegung fokussierende Arbeit lag bei Erscheinen dieses Buches nicht vor.

2. Die Entwicklung elektronischer Musik – ein Abriss

Eine kurze Skizzierung einiger weniger Musikstile soll verdeutlichen, woraus sich elektronische Musik entwickelte und zu welchem Facettenreichtum ihre weitere Transformation führte. Der Einblick in die Geschichte soll helfen, den späteren Free Tekno im Kontext elektronischer Musik leichter verorten zu können.

2.1. Es war einmal...

Zu Beginn des 20 Jahrhunderts erhielt die kapitalistische Verwertungslogik von Mensch und Natur bereits breite Zustimmung und technische Entwicklungen durchdrangen immer mehr menschliche Lebensbereiche. 1913 begannen Komponisten sich der industrialisierten Welt und deren Geräuschen und Gesetzen zuzuwenden. Luigi Russolo war einer der ersten Komponisten, die auf revolutionäre Weise mit Alltagsgeräuschen in der Musik zu experimentieren begannen. Er und einige andere Musiker fanden viel mehr Gefallen an Geräuschkombinationen „von Straßenbahnen, Auspufflärm oder lauten Menschenmassen“, als im Einüben klassischer Musikstücke (Anz/Walder 1995:10). Diese Auseinandersetzung mit Industriegeräuschen sollte sich in den 70er Jahren zu der eigenständigen Musikrichtung Industrial entwickeln (vgl.Kap.2.4.), hatte aber noch nichts mit elektronisch generierten Sounds zu tun. Die Erfindung der Elektronenröhre und die Entwicklung der Tonbandtechnik zwischen 1927 und 1939, ermöglichte es erstmals, Klangereignisse zu erzeugen und aufzuzeichnen. Die so kreierte Musik enthielt in erster Linie Industrie- und Alltagsgeräusche (vgl. Maierhofer 2006).

Einer der ersten und wichtigsten Pioniere elektronischer Musik war der deutsche Komponist und Dozent Karlheinz Stockhausen, der in den 50er Jahren in Köln seinen Anspruch „Alle Klänge und Geräusche sind Musik“ in komplexe naturalistische und synthetische Klänge umsetzte (Anz/Walder 1995:10). Stockhausen identifizierte dafür vier Grundelemente[10], die durch Filterung, Überlagerung, Verdichtung und Verkürzung ineinander übergeführt und durch Verzerrung und Rückkoppelung elektronisch weiterverarbeitet wurden.

Abbildung. 1: Karlheinz Stockhausen (vgl., http://breazustudios.tumblr.com/post/588188555/a-history-of-electronic-music-elektronische 22.09.2010

Inspiriert von den neuen Produktionstechnologien setzten sich viele verschiedene Musiker mit den neuen Möglichkeiten auseinander, woraus in den 60er Jahren unter anderem erste ausschließlich elektronisch hergestellte Filmsoundtracks entstanden (z.B. Hitchcocks „Die Vögel“). Robert Moog, ein weiterer Pionier elektronischer Musik erfand 1964 den Moog-Synthesizer, ein Gerät, welches auf elektronische Weise Töne erzeugte und eines der ersten weit verbreiteten, elektronischen Musikinstrumente war. In den späten 1960ern erschienen eine Vielzahl von Aufnahmen, die den neuen Moog-Synthesizer-Sound verwendeten. Zur Berühmtheit wurde das Stück „Popcorn“, das zum weltweiten Tophit avancierte und als erstes Musikstück komplett mit dem Moog-Synthesizer erstellt wurde.[11] Auch das von Walter (Wendy) Carlos mit einem analogen Moog-Synthesizer kreierte Album „Switched-on Bach“ erlangte Bestsellerstatus.

---

10 Die klanglichen Grundelemente setzen sich aus dem Sinuston, einem streng periodischen Schwingungsvorgang, und dem weissen Rauschen, einem aperiodischen Schwingungsvorgang, sowie aus Knack und Impuls zusammen, die dann durch die verschiedenen Techniken elektronisch weiterverarbeitet werden können (Karlheinz Stockhausen, 1960 zit. nach Anz/Walder 1995:10).

11 vgl. http://de.wikipedia.org/wiki/Synthesizer.

Abbildung 2: Moog Syntheziser (http://en.wikipedia.org/wiki/Moog_synthesizer 03.09.2010)

Steve Reich entwickelte in New York eine minimalistische Kompositionstechnik, die sich durch die Wiederholung kurzer und leicht abgewandelter Passagen auszeichnete. In seinem 1965 herausgebrachten Track „It's Gonna Rain“ zerlegte er die Rede eines Sektenpredigers, klebte die Bruchstücke zu Endlosschlaufen zusammen und ließ diese auf einer Bandmaschine rhythmisch hin und her fahren. Mit dieser Methode nahm er zukünftige Loop- und Scratch-Techniken vorweg (vgl. Anz/Walder 1995).

Die weitere Entwicklung elektronischer Musik hing stark mit der damaligen Aufbruchstimmung zusammen, die sich in facettenreichen kulturellen und politischen Bewegungen, der Verbreitung von psychedelischen Drogen wie LSD oder Psylocybin und den neuen Produktionstechnologien widerspiegelte (vgl. Blask/Fuchs-Gamböck 1995; Anz/ Walder 1995). In der Musik der sechziger und siebziger Jahre drückte sich dieser Widerstand unter anderem in sozialpolitisch engagierten, kritischen Liedertexten aus. In Deutschland versuchten viele Musiker neue von der Norm abweichende Ideen zu verwirklichen, die eine Welle an experimentellen Auseinandersetzungen von Rockmusik mit elektronischen Elementen auslöste. Darunter befanden sich Bands wie Tangerine Dream, die sich 1967 in Berlin formierten. Von einer traditionellen Rockband zu einer Elektronikgruppe transformiert wollten sie den Zuhörern statt Aggression und Verzweiflung Freude und Hoffnung durch die

Musik vermitteln. Weitere Vertreter dieser neuen deutschen Musik, die auch als „Krautrock" bezeichnet wurde, waren Neu!, Amon Düül, Cluster oder Kraftwerk. Vorallem die Band Kraftwerk hatte einen enormen Einfluss auf die weitere Entwicklung elektronischer Musik. Als Inspirationsquelle für viele spätere Techno- und House-Produzenten erhielten sie die Bezeichnung „The Godfather of Techno" (Anz/ Walder 1995:11).

2.2. Kraftwerk – die deutschen Avantgardisten

Abbildung 3: Kraftwerk http://www.musicline.de/de/product/77774613323, 12.09.2010)

Kraftwerk stellten quasi das Bindeglied zwischen der alten Avantgarde und den neu aufkommenden Künstlern dar. Ralf Hütter, Florian Schneider-Esleben, Andreas Hohmann und Klaus Dinger gründeten 1968 in Düsseldorf die Band Organisation. Von Anfang an war ihr Ziel die Produktion von vollelektronischem Sound, der von harten Rhythmen geprägt war und kalt und kantig klang. Ihr Vorsatz beruhte darauf „die Seele der Maschinen zu finden und sie mit Humanität zu versehen" (Blask/Fuchs-Gamböck 1995:92). Ihre ersten Auftritte hatten häufig den Bewurf mit Eiern und Tomaten zur Folge, da die damaligen Rock 'n' Roll-Fans und Hippies mit dem neuen Sound nicht viel anfangen konnten. Davon unbeirrt arbeiteten die deutschen Pioniere an ihrem Konzept weiter. 1970 benannten sie sich in Kraftwerk um, richteten sich ein eigenes Studio ein und brachten das gleichnamige Album „Kraftwerk" heraus, wodurch sie zu Anti-Stars der deutschen Rockszene wurden und gleichzeitig zu Helden der nationalen Subkultur aufstiegen. Schon damals wiesen die Stücke typische Merkmale des späteren Techno-Sounds auf:

> „hypnotisch-monotoner Beat, endlose Grooveschleifen und die Bevorzugung von Rhythmus gegenüber der Melodie" (Blask/Fuchs-Gamböck 1995:92).

Vier Jahre später folgte der entscheidende Wendepunkt mit ihrem Album „Autobahn", bei dem sie sich den technischen Fortschritt zu nutze machten und einen Mini-Moog-Synthesizer mit einem Drumcomputer via Sequenzer[12] verbanden und so eine futuristisch klingende Musik kreierten. Das neue Album repräsentierte die Abkehr der Band von der experimentellen Avantgardemusik hin zu elektronischem Pop, der seiner Zeit um Jahre voraus war (Anz/Walder 1995:12). Die gleichnamige Singel „Autobahn" war eine 22 Minuten lange Komposition, „eine skurril-hypnotische Fahrt über endlosen grauen Asphalt in Tönen" (Blask/Fuchs-Gamböck 1995:93), die es bis in die US-Top-Ten-Charts schaffte.

Kraftwerk begannen sich von ihrem Freak-Outfit der vergangenen Jahre zu lösen und legten sich einen Look zu, der ihr Verhältnis zur Technologie verdeutlichen sollte. Sie sahen sich nicht als Musiker, sondern als Arbeiter mit Maschinen, die in einem Wechselverhältnis zueinander standen, das nicht zwangsläufig gestört sein musste. Vielmehr sahen sie in der Mensch-Maschine Beziehung eine partnerschaftliche Koexistenz, die größtmögliche kreative Freiheit zuließ:

> „Wir machen aus allem Kompositionen. Alles ist erlaubt, es existiert kein Arbeitsprinzip, kein System. Unsere Ideen kommen aus der Erfahrung und aus dem Alltag. Wir spielen die Maschinen, die Maschinen spielen uns. Es sind der Austausch und die Freundschaft mit den Maschinen, die uns eine neue Musik kreieren lassen" (Hütter zit.nach Anz/Walder 1995:12).

Die Alben „Trans Europa Express" (1977) und „Die Mensch-Maschine" (1978) waren Wegbereiter für den Durchbruch des Synth-Pop und beeinflussten darüber hinaus viele weitere Musikrichtungen (z.B. HipHop in New York durch Africa Bambaata, Techno durch Juan Atkins in Detroit, House durch Franky Knuckles in Chicago).

---

12 Ein Drumcomputer bezeichnet ein elektronisches Instrument zur Erzeugung perkussiver Klänge. Ein Sequenzer wird entweder in Form eines elektronischen Geräts oder einer Computersoftware für die Aufnahme, Wiedergabe und Bearbeitung von Daten verwendet, um Musik zu generieren (vgl. http://de.wikipedia.org /wiki/Drumcomputer, 23.09.2009).

2.3. Der Synthesizer als Inspirationsquelle

Gleichzeitig mit Kraftwerk brachten andere Musiker den Synthesizer in die populäre Musik ein. Brian Eno gründete 1975 das Experimental Label Obscure Records, machte sich bei seinen Produktionen die elektronischen Errungenschaften zunutze und kreierte Ambient Music – „Landschaften zum Zuhören". 1976 brachte der Franzose Jean-Michel Jarre das Album „Oxygène" heraus, auf dem klassische Harmonien vermengt mit elektronischen Sounds zu hören waren (vgl. Anz/Walder 1995:12).

Das Ende der siebziger Jahre prägte jedoch Punk. Punk markierte das Ende aller Werte und wurde zum Glaubensbekenntnis einer Generation, was durch die Parole „No Future" auf den Punkt gebracht wurde. Die Punks der ersten Stunde sahen sich als „Totalverweigerer jeglicher gesellschaftlicher Sitten, Normen und Werte" (Blask/Fuchs-Gamböck 1995:19). Die Wut auf die herrschenden Verhältnisse wurde der Welt in Form der Punkmusik entgegen geschleudert. Musikalisch basierte Punk auf der rudimentärsten Form harten Rock 'n' Rolls und es war von Beginn an ersichtlich, dass er die radikalste Form einer Jugendbewegung sein würde. Provokation und das Do-it-Yourself Prinzip standen im Vordergrund und aus Punk wurde die Kultivierung der Widersprüche, die die übrig gebliebenen Utopien der 60er Jahre „niederwalzte" (vgl. Anz/Walder 1995:13).

Nach dem „Tod" von Punk Ende der siebziger Jahre zeichnete sich eine Revolutionierung der technischen Produktionsbedingungen ab und es wurde überall an Neuem gebastelt. In England vervielfältigte sich die Auseinandersetzung mit elektronischer Musik rasant. Ehemalige Punkhelden wie Pete Shelley von den Buzzcocks oder New Order experimentierten mit Maschinen und verbanden Punkmusik mit elektronischen Elementen. Das erfolgreichste Indie-Label Mute Records stellte in den 80er Jahren eine Keimzelle elektronischer Musik dar. Es war die Heimat von Depeche Mode, Fad Gadget und Laibach. Mit Depeche Mode eroberte Synth-Pop die Stadien und wurde zur „music for the masses". Eine weitere wichtige Elektronik-Band war eine aus der Schweiz stammende Formation namens Yello, die Sprechgesang und musikalischen Einfallsreichtum miteinander verbanden und Weltmusik mit Naturgeräuschen und elektronischen Sounds mischten. In Deutschland überflutete ab 1980 die Neue Deutsche Welle das Land, die sich durch nette, triviale Melodien und minimale Songstrukturen auszeichnete und elektronische Geräte wie Synthesizer oder Drumcomputer verbreitete. Das von Punk kreierte Motto des „Do it yourself" wurde auch zum Zertifikat dieser Musikrichtung (vgl. Anz/Walder 1995).

2.4. Industrial und EBM

Elektronische Hilfsmittel wurden auch von einer weiteren Musikrichtung verwendet, um eine bestimmte Message zu vermitteln: „Industrial music for industrial people" – eine Forderung von Monte Cazazza, einem Vertreter und Initiator der Industrial Culture, die den Inhalt der in England Ende der 70er Jahre entstandenen Musikrichtung Industrial auf den Punkt brachte. Das neue Musikgenre nahm Bezug auf die Industrialisierung der Gesellschaft und produzierte Industriemusik für industrialisierte Menschen (vgl. Anz/Walder 1995). Auch die Urheber von Techno in Detroit nahmen sich ihrer industrialisierten Umgebung an und brachten diese Eindrücke in musikalischer Form zum Ausdruck. Dazu folgt Genaueres in einem späteren Kapitel.

Industrial entstand zu einer Zeit, als sich England in einer Rezession befand und das verfallende Industriezeitalter mit all seinen negativen Auswirkungen überall spürbar war. Aus einem künstlerischen Umfeld heraus entwickelte sich Industrial zu einer Kultur, in der künstlerische und subkulturelle Formen untrennbar miteinander verknüpft waren. Der Begriff „Industrial" entstammte ursprünglich dem englischen Label Industrial Records, das kollektiv von den Mitgliedern der Punk-Band Throbbing Gristle gegründet wurde. Die neue Musikrichtung war der musikalische Ausdruck und die Antwort auf die trostlose Situation in den englischen Industriestädten. Neben der Entwicklung in England waren Einstürzende Neubauten aus Deutschland, ähnlich wie Kraftwerk für Techno, wegweisend für viele nachkommende Industrial-Bands. Ein wesentliches Element von Industrial war die Verarbeitung von Umweltgeräuschen und Industrielärm mit elektronischen Hilfsmitteln. Als Instrumente wurden Bohrer, Stahlschlagwerke, Flexmaschinen oder Preßlufthämmer verwendet, um die gängigen Melodie- und Rhythmusschemen zu durchbrechen. Dadurch entstanden Klangcollagen, die Ausschnitte aus der Geräuschkulisse einer industriellen Gesellschaft repräsentierten und die Provokation bis zur Grenze des Erträglichen trieben:

> „Unsere Melodie ist das Schreien der Maschinen. Unsere Musik ist das Brüllen der Motoren. Unsere Klänge das letzte Aufbäumen. Wir tanzen den Untergang, um zu leben" (Einstürzende Neubauten in: Hahn/Schindler 1983:100).

Um zu irritieren bzw. zu schockieren wurden extreme Darstellungen von Gewalt, Sexualität, Krieg und Tod mit bedrohlichen und aggressiven Klangcollagen und Lärm bis zur Erreichung der Schmerzgrenze unterlegt. Die Provokation war dabei kein Selbstzweck, sondern beabsichtigte eine Verstörung der Hörer, die zum Keim emanzipativer Prozesse werden sollte. Industrial verband die Musik mit Technologie, Wissenschaft, Literatur und Kunst. Der Schwerpunkt dieses subkulturellen Stils lag in der Musik, um die sich dann unterschiedliche ästhetische und literarische Medien gruppierten, die die Intention der Musik im Sinne eines Gesamtkunstwerks unterstrichen und erweiterten. Die gesamte Industrial Culture radikalisierte mit Hilfe künstlerischer Provokationsmechanismen die Ideen des Punk. Industrial Culture Bands versuchten nachzuvollziehen, wie sich die marode Industrielandschaft auf die Psyche des Menschen auswirkte. Die Formation Throbbing Gristle, die sich maßgeblich an der Entwicklung der Industrial Culture beteiligte, entstammte direkt der Aktionskunst und präsentierte mit Schocktaktiken aus dem Kunstbetrieb einen bestimmten Lebensstil, der in der Hinterfragung und Ablehnung gesellschaftlicher Werte lag. Diese Art der Musik stieß in eine musikalische Lücke, die der Punk hinterließ. Auch die kapitalistische Verwertungslogik und das ihr innewohnende Profitdenken, das auch die Musik vereinnahmte und sie zu einem eigenen Industriezweig machte, war Gegenstand der Kritik.[13] Throbbing Gristle oder Cabaret Voltaire knüpften an die Bestrebungen des Punk an, Musik und Videos selbst zu produzieren, um die Kontrolle über ihre Produkte zu keiner Zeit aus der Hand geben zu müssen und dem Anspruch des Do-it-Yourself gerecht zu bleiben.[14] (Anz/Walder 1995:14ff).

In Belgien erfuhr Industrial eine Transformation in Form der Electronic Body Music. EBM ist ein in den frühen 80er Jahren entstandener Musikstil, der sich durch repetitive Sequenzerläufe, durch vorwiegend tanzbetonte Rhythmen, sowie durch klare, parolen-ähnliche Shouts auszeichnet. EBM galt als europäisches Pendant zum amerikanischen Detroit-Techno, einem neuen Musikstil, der sich parallel in den USA entwickelte. Bands wie Front 242 aus Brüssel oder Nitzer Ebb aus England repräsentierten erste EBM-Formationen und bezogen sich auf musikalische Vorbilder wie Kraftwerk oder Einstürzende Neubauten. Das verfolgte Ziel war, harte und kompromisslose Tanzmusik zu schaffen, die sowohl den Körper als auch den Geist ergriff. Der Chefideologe von Front 242, Patrique Codenys, kritisierte, dass EBM zunächst fälschlicherweise als Disco-Musik aufgefasst wurde (vgl. Blask/Fuchs-Gamböck 1995):

---

13 vgl. http://www.throbbing-gristle.com/tg/industrial.html, 28.07.09

14 vgl. http://www.birgitrichard.de/goth/texte/industrial.htm,07.09.2009

„(...) das ist natürlich Unsinn, denn der Begriff Body umfaßt den ganzen Körper einschließlich Kopf und Innenleben. Es ging Bands wie uns immer auch um den Spirit" (Patrique Codenys in: Blask/Fuchs-Gamböck 1995:35ff).

Mit der stark rhythmusorientierten Musik sollten die Instinkte der Hörer geweckt, und Körper und Geist gleichermaßen angesprochen werden (ebd.). Ende der achtziger Jahre galt EBM in Europa als die revolutionäre Dance-Music, bevor der aus Amerika kommende Detroit-Techno und Hardcore-Techno diese Rolle übernahmen. Viele der nachkommenden deutschen Techno-Produzenten, unter ihnen Sven Väth, waren von EBM und Industrial beeinflusst und experimentierten mit diesen Musikstilen herum, bevor sie auf House und Techno stießen (vgl. Anz/Walder 1995).

Parallel dazu entwickelten sich Ende der 70er und zu Beginn der 80er Jahre in den USA die elektronischen Musikstile, die maßgeblich an der weiteren Transformation elektronischer Musik beteiligt waren: Techno und House Musik. Bevor darauf näher eingegangen wird, soll kurz dargelegt werden, wie sich elektronische Musik an der Entstehung von HipHop beteiligte.

2.5. HipHop meets Electronic Beats

Eine der ersten Inspirationsquellen für spätere Techno-DJ's war Africa Bambaatas Track „Planet Rock", den er gemeinsam mit der HipHop-Band Soul Sonic Force 1982 produzierte. Der 1960 in New York geborene Africa Bambaata war lange Zeit Mitglied der Gang „Black Spades", bis ihm die überall herrschende Gewalt im Ghetto zu viel wurde. Inspiriert durch den Film „Zulu" gab er sich den Namen eines südafrikanischen Zuluführers, der mit seinem Volk gegen die englischen Kolonialherren revoltierte. Bambaata begann die Gewalt der Gangs in kulturelle Aktionen umzuleiten, indem er Breakdance-Wettbewerbe und

Abbildung 1: Africa Bambaata (http://milliondollamindz.com/blog/?p=8333), 22.09.2010

musikalische Veranstaltungen organisierte, die auf Respekt und Toleranz basierten und zu den Anfängen von HipHop beitrugen. HipHop wurde zur ersten Straßenkultur und umfasste Rap, Graffiti, Breakdance und DJ-Techniken. Das Rappen selbstgereimter Verse knüpft dabei an den traditionellen Umgang westafrikanischer Kulturen mit Rhythmen und Tonsprachen an. Rap verstand sich als Sprachspiel, bei dem nicht nur der Rhythmus, sondern auch das Tempo, die Tonhöhe und die Klangfarbe des gesprochenen Wortes eine Rolle spielten. Der von Bambaata und Soul Sonic Force produzierte Hit „Planet Rock" führte Electro und Rap zusammen und katapultierte HipHop aus dem Untergrund direkt in die Charts (vgl. Böpple/Knüfer 1996). Bambaata und Soul Sonic Force liehen sich wesentliche Elemente für den Track bei Kraftwerk aus, die große Spuren in der Dance-Music der schwarzen Amerikaner hinterließen, was Bambaata folgendermaßen zusammenfasste:

> „Ich glaube, die wußten nicht einmal, wie sehr die schwarzen Massen 1977 auf sie standen, als sie „Trans Europa Express" veröffentlichten. (...) Für mich war das eine der besten und seltsamsten Platten, die ich je in meinem Leben gehört hatte...Sie war funky" (Africa Bambaata zit. nach Collin/Godfrey 1998:24).

Der Track „Planet Rock" mit seiner Verknüpfung von elektronischer Musik und Rap gilt heute noch als ein Klassiker und schuf ein völlig neues Genre: Electro. Der neue Musikstil beeinflusste die Entwicklung von House und anderen elektronischen Musikrichtungen und zeichnete sich neben Analogsynthesizerklängen, durch programmierte 808-HipHop-Beats, Rap, Scratches und Vocoder-Stimme[15]aus und stellte für viele spätere Technoproduzenten und DJs einen weiteren Anknüpfungspunkt dar (vgl. Anz/Walder 1995; Collin/Godfrey 1998).

Bis dahin beherrschte üppiger Discosound aus Philadelphia die hauptsächlich von Homosexuellen und Schwarzen besuchten Clubs in New York. Der Film „Saturday Night Fever" öffnete Disco 1978 dem Massenmarkt und das ursprüngliche Underground-Phänomen wurde massenkompatibel vermarktet und zu einem Millionengeschäft. Der schwarze und homosexuelle Kontext der Musik wurde dabei völlig ausgeblendet (vgl. Collin/Godfrey 1998).

---

15 Vocoder-Stimmen sind Worte, die durch Computer in eine andere Stimmlage transferiert werden (vgl.Anz/Walder 1995).

2.6. Chicago House

Etwa zur gleichen Zeit griff in Chicago der Chicago House Sound um sich, der eine Weiterentwicklung der Discomusic darstellte. Disco wurde 1980 in den USA allgemein für tot erklärt, lebte jedoch im schwarzen Gay-Underground von New York und Chicago weiter (Anz/Walder 1995: 17). Im legendären New Yorker Club „Paradise Garage", der später zur Namensgeberin für die neue Musikrichtung Garage wurde, mixte DJ Lerry Levan anfang der 80er Jahre in endlos langen Sessions Underground-Klassiker (ebd.) Die spezielle Atmosphäre in den schwarzen Gay Clubs in New York schuf für alle nachkommenden Dancekulturen so etwas wie eine ideologische Grundlage, und resultierte aus der ausgrenzenden und diskriminierenden Erfahrung, die schwarze Homosexuelle tagtäglich in der amerikanischen Gesellschaft erlebten:

> „Als Schwarze waren sie von den wirtschaftlichen und sozialen Vorteilen des Mainstream-Amerika ausgeschlossen, als Homosexuelle waren sie aus seinem moralischen Universum ausgeschlossen, als schwarze Homosexuelle war es ihnen sogar verwehrt, ihre Identität in ihrem eigenen Umfeld auszuleben" (Collin/Godfrey 1998:28).

Aufgrund dieser Ausgrenzung und Diskriminierung entstand ein enormes Zusammengehörigkeitsgefühl innerhalb dieser Community und die verschiedenen Clubs in New York waren die einzigen Orte, wo diese Gesellschaftsgruppe ohne Angst und Verklemmtheit sie selbst sein konnte. Dieses Konzept von Einheit und Zusammenhalt gegen die unterdrückende Umwelt fand sich später in vielen Musik-Kulturen wieder und nahm in New York und in Chicago seinen Anfang (vgl. Collin/Godfrey 1998; Rietveld 1997).

1977 bekam der New Yorker DJ Franky Knuckels das Angebot, in einem neuen Club in Chicago, dem Warehouse, anzufangen, nachdem sein Kollege Lerry Levan abgelehnt hatte. Zu dieser Zeit gab es in Chicago hauptsächlich Lokale mit Juke Boxen und gerade einmal drei Clubs engagierten Djs. Durch seinen Zugang zu den neuesten Platten aus New York und durch seine spezifische Art aufzulegen, unterschied er sich schnell von anderen lokalen DJs. Knuckels wurde zum Resident-DJ im Warehouse und legte am Anfang Disco-Klassiker, Euro-Importe, Salsoul-Sound und Munich-Disco auf. Im Gegensatz zu anderen DJs spielte er die Platten nicht einfach nacheinander ab, sondern mischte die Stile mit Soundeffekten und kreierte so einen Soundtrack für die ganze Nacht. Dieser Stil knüpfte an afrikanisch-amerikanische Jazztraditionen an, indem mit vergangenen und gegenwärtigen Sounds gespielt wurde, um neue musikalische Kreationen zu schaffen (vgl. Rietveld 1997). Als das Disco-Fieber langsam sank und Musiker begannen, immer mehr Elektronik einzusetzen, um damit neue Dance-Muster zu schaffen, fing Knuckels an, mit dem Rohmaterial der Sounds selbst zu spielen. Er zerlegte Platten, schnitt sie auf Tonbändern wieder zusammen, verlängerte bestimmte Teile und nahm andere heraus. Der vorprogrammierte Rhythmus aus einer einfachen Beatbox wurde basslastiger und schneller (um die 124 bpm), und zog ein immer größeres Publikum an. Durch diesen innovativen Stil kreierte Knuckles einen neuen Sound, der in den Plattenläden Chicagos als „that sound they play down the house" bezeichnet wurde. Das Warehouse wurde so zur Namensgeberin der neuen Musikrichtung: House (vgl. Anz/Meyer 1995; Collin/Godfrey 1998; Wilson 2006). Frankie Knuckels beschrieb die damalige Stimmung im Club folgendermaßen:

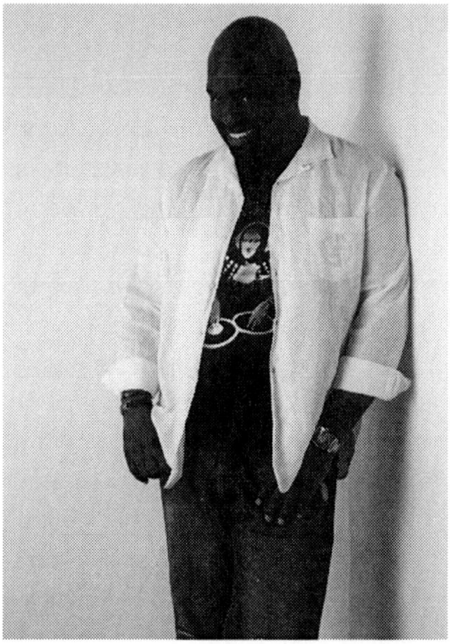

Abbildung 5: Frankie Knuckles http://www.last.fm/music/Frankie+Knuckles, 18.09. 2010

> „Es war eine hauptsächlich schwarze, hauptsächlich schwule Szene, sehr soulig, sehr spirituell. Für die meisten Leute, die dort hingingen, war das wie die Kirche. Das gab's nur an einem Tag in der Woche: Samstag nacht, Sonntag morgen, Sonntag nachmittag. In der Anfangszeit, zwischen 77 und 81 waren die Parties unheimlich intensiv (...)" (Frankie Knuckels zit. nach Collin/Godfrey 1998:29).

Die Atmosphäre, die Musik und die Haltung des Clubs waren wegweisend für die vielen House Parties, die noch kommen sollten. Die ferne Lage vom Warehouse zu Chicagos Mainstream Vergnügungsarea, das spezielle Management des Clubs, das ein interethnisches Zusammentreffen von hauptsächlich homosexuellen Menschen mit einem afrikanisch-amerikanischen oder lateinamerikanischen Background ermöglichte, verstärkte den Undergroundcharakter des Clubs. Für damalige Chicagoer Verhältnisse war das Warehouse mit seinen drei Floors ein großer Club, der durch seine einfache Ausstattung und der qualitativ hochwertigen Soundanlage eine optimale Location für tanzwütige Partypeople darstellte. Die Clubgänger belagerten das Warehouse von Samstag Mitternacht bis Sonntag Nachmittag und tanzten sich zu den pumpenden Beats in extatische Zustände. Die spezielle Art zu der Musik zu tanzen wurde als „jacking" bezeichnet, worunter spezifisch sexualisierte Tanzbewegungen verstanden wurden. „To jack" bedeutete jemanden auf Touren bringen. Die Leute interpretierten die Musik und bewegten sich vor und zurück, die Körper in kreisenden Bewegungen im und gegen den Rhythmus. Es wurde überwiegend zu zweit, aber auch allein getanzt. Für die hauptsächlich urbane afrikanisch-amerikanische und latein-amerikanische Jugend, die die unterdrückenden, rassistischen und homophoben Grenzen überwinden wollten, waren diese Parties ein Paradies, in dem diese Ansprüche verwirklicht werden konnten (vgl. Rietveld 1997).

Als Knuckles 1984 das Warehouse verließ, um einen neuen Club aufzumachen, besorgte er sich einen Roland TR-909-Drumcomputer. Er experimentierte unter der Woche, legte Beat Patterns fest, die er dann im Club live abfahren ließ, und blendete das harte, typische Klappern des 909 in die aufgelegten Platten ein- oder aus (vgl. Collin/Godfrey 1998).

Neben Frankie Knuckels arbeitete ein weiterer DJ, Ron Hardy, in dem Club Music Box an dem neuen Sound in Chicago. Hardy heizte das Publikum richtig auf, indem er die Beats oft zehn Minuten lang scheppern und krachen ließ, bevor er endlich in den Song einstieg. „Das war nicht mehr bloß Disco, das war etwas anderes" (Collin/Godfrey 1998:31).

Das Music Box war eine antialkoholische, psychedelische „Saftbar", weil es illegal war, in den Underground-Clubs Alkohol auszuschenken. Stattdessen gab es jede Menge PCP (Phencyclidin), Acid (LSD) und Ecstasy. Der Club hatte bis Mittag geöffnet und durch die Symbiose von Drogen und Musik trug er dazu bei „den Sound in Magie und Disco in House zu verwandeln" (Collin/Godfrey 1998:31).

Für die damalige Zeit hörten sich die frühen House-Platten hart, schnell, aufregend und ungeschliffen an und stellten einen entschiedenen Bruch zu Disco dar, obwohl sie mehr eine Weiterentwicklung dieser Musikrichtung waren. House zeichnete sich durch seinen mächtigen, basslastigen Klang aus, der bei Disco in dieser Form noch nicht vorhanden war. Typisch für House sind der 4/4-Takt, die Bassdrum auf jeder Viertelnote und die Snare-Schläge auf jeder zweiten Viertelnote im Tempo von ca. 117-134 Bpm. Der pumpende Beat von House Musik zielt darauf ab, menschliche Körper in Bewegung zu setzen, den

Körper zum Rhythmus der Musik zu bewegen, zu tanzen und sich gehen zu lassen. House Musik ist, dank ihrer hypnotischen und funkygen Grooves, bis heute eine der beliebtesten Tanzmusikrichtungen geblieben, die von Jahr zu Jahr ihre Sounds und Trends ändert. Mittlerweile existieren unzählige Bezeichnungen für die verschiedenen Varianten von House Musik. Um nur ein paar zu nennen: Chicago House, Tech House, Acid House, Garage House, Deep House, Filter House, Electro House u.v.m.[16] Als House Musik Europa erreichte, verlor das neue Genre einiges von seiner ursprünglichen Bedeutung und der afrikanisch-amerikanische Kontext geriet ein weiteres Mal in Vergessenheit (vgl. Rietveld 1997).

2.7. Acid House

Der Umstand, dass zu Beginn der 80er Jahre Drumcomputer der japanischen Firma Roland nicht mehr hergestellt wurden und billig zu haben waren, eröffnete vielen Menschen die Möglichkeit, sich im Sinne des Do-it-Yourself Prinzips musikalisch kreativ zu betätigen und eigene Tracks zu basteln. In Chicago 1985 legte sich Nathaniel Jones alias DJ Pierre gemeinsam mit seinem Freund Marshall Jefferson einen analogen Baß-Synthesizer namens Roland TB 303 zu, um ein paar Basslinien zu programmieren. DJ Pierre zufolge machte sich die Maschine irgendwie selbstständig, als er herauszufinden versuchte, wofür welcher Knopf bestimmt war. Der Sound, der aus dieser Kiste dröhnte, schien aus einer anderen Welt zu kommen. Sie produzierten sofort einen Track, gaben ihn Ron Hardy, der ihn in der „Music Box" auflegte. Der Funke sprang auf die tanzende Menge über und passte zu dem, was die Leute intus hatten – LSD und Ecstasy (vgl. Wildermann 1995; Böpple/Knüfer 1996). Solche schrägen Geräuschklänge hatte bis zu dem Zeitpunkt niemand zuvor gehört:

> „Jeder wollte wissen, was das war; dieses verrückte Vibrieren, das sich zuckend hin und her wand und abdrehte wie ein abgestürzter Computer" (Collin/Godfrey 1998:32-33).

Die Leute begannen von Ron Hardys „Acid Trax" zu sprechen und nach den Probeläufen in den Clubs wurde der Sound von DJ Pierre aufgenommen und unter dem Projektnamen Phuture, als „Acid Trax" 1987 auf Vinyl gepresst.

16 vgl. http://www.technoguide.de/a/House/Was-ist-House-Der-Techno-Guide.html, 27.09.2009.

Diese Platte machte den Roland TB-303 zu einer Ikone der Electronic-Dance-Music-Culture und schuf die erste stilistische Unterteilung von House Music: Acid House (vgl. Böpple/Knüfer 1996; Collin/Godfrey 1998). Der Name wurde von Außenstehenden mit der Droge LSD assoziiert, was von seinen Erfindern nicht geplant war und später von ihnen bedauert wurde (vgl. Wildermann 1995).

Durch Bam Bams Track „Give it to me" begann sich 1987 Acid House auch in England durchzusetzen und lieferte unter anderem die Grundlage für die größte Jugendkultur seit Punk, die 1988 im Summer of Love[17] gipfelte. Die großen Plattenfirmen witterten die Möglichkeit der profitablen Vermarktung und warfen die unterschiedlichsten Arten von House auf den Markt, die alle unter der verkaufsfördernden Bezeichnung Acid House zusammengefasst wurden (vgl. Anz/Meyer 1995).

Im Vergleich zum Chicago House sind beim Acid House kaum mehr Discoeinflüsse zu spüren. Acid House kann als minimalistische House-Musik bezeichnet werden, die einen pumpenden Four-to-the-floor-Beat aufweist, der in einer Geschwindigkeit von 118–135 Bpm läuft (erzeugt mit der Roland TR-808 bzw. der Roland TR-909). Die meist gesangslosen Tracks (anfangs noch in ruhigem gedämpften Sound) bauen sich langsam auf und steigern ihre Intensität (schriller Klang mit fülligen Höhen) bis zum Break. Auf die Loops werden oft Echos und Backspins gelegt. Dazu kommt der charakteristische synthetische Acid-Sound: ein stark moduliertes Blubbern und Zwitschern, das mit dem Bass-Synthesizer Roland TB-303 erzeugt wird, und sich etwa über einen ganzen Track langsam von tonalen Basstönen zu atonalen kreischenden Sounds verändern kann. Oftmals werden auch kurze Tonsequenzen monoton wiederholt, oder sehr hohe Frequenzen durchgehend abgespielt.[18] Parallel dazu entwickelte sich in einer anderen Stadt in Nordamerika eine weitere Musikrichtung, die neben House, die elektronische Musiklandschaft entscheidend prägte: Techno aus Detroit.

17 Wie es in England zu der Welle von Acid-House Parties kommen konnte, warum sich Ecstacy einer immer größer werdenden Beliebtheit erfreute und immer mehr Meschen in den Bann zog, wird im Kapitel 3 eingehend dargestellt.

18 (vgl. http://de.wikipedia.org/wiki/Acid_House, 11.07.2009).

2.8. Detroit Techno – „Music that goes beyond the beat"

In Detroit wurde stattdessen an einem Sound gebastelt, der eine neue Intensität beinhalten sollte, die jenseits von Chicago House lag. Drei junge Musiker entwickelten einen neuen elektronischen, futuristisch klingenden Sound, der stark von elektronischer Musik aus Europa beeinflusst war (vgl. Wilson 2006).

Detroit war zu der Zeit bereits zu einem riesigen Maschinenpark mutiert. Seit der Errichtung von Henry Fords modernem Fabriksystem 1913 mit seinen Fließbändern und der Massenproduktionsweise wuchs die Stadt unaufhaltsam und immer neue Fabrikshallen wurden aus dem Boden gestampft. Zwischen den Industriezonen befanden sich die Wohnorte der Arbeiter, weit entfernt von Geschäften, Schulen oder öffentlichen Verkehrsmitteln. In den 50er und 60er Jahren erreichte die Stadt ihre höchste Bevölkerungsrate und der Verfall war bereits vorprogrammiert. Mitte der 70er Jahre begann in Detroit die große Kapitalflucht und die Stadt stürzte in eine Finanzkrise. Hunderttausende Menschen verloren ihre Jobs und ein Fünftel der Bevölkerung verließ die Stadt in der Hoffnung, woanders Arbeit zu finden. Ganze Stadtteile waren abbruchreif, Fabriken wurden geschlossen und die Menschen verarmten immer weiter (vgl. Collin/Godfrey 1998):

> „In Detroit kollidierte die industrielle Welt mit der Welt von morgen, der Welt der modernen Technologie, so massiv, wie wohl kaum in einer anderen Stadt der Welt. Detroit wurde zum Symbol für die Krise der industriellen Gesellschaft, zum Synonym für eine verfehlte Politik" (Böpple/Knüfer 1996:28).

Dieses Umfeld war mitverantwortlich für die Entwicklung der neuen Musikart, die später als Techno bezeichnet werden sollte. Unter diesen Umständen wuchs auch der Musiker Juan Atkins auf, der gemeinsam mit Richard Davis die Electro-Formation Cybotron ins Leben rief und zu den Pionieren von Techno zählt.

Der schlimme Zustand der Stadt, die Zunahme von Rassendiskriminierung, Kriminalität und Jugendarbeitslosigkeit beeinflussten ihr Weltbild und flossen in die Produktion der neuen Musik ein. Techno war ihre Antwort auf die erdrückenden sozialen Verhältnisse in Detroit (vgl. Collin/Godfrey 1998; Klein 2001; Wilson 2006). Das Projekt Cybotron war auch inspiriert von Alvin Tofflers Buch „The third wave". Toffler beschrieb eine Umwelt, in der elektronische und technologische Revolutionen Machtkämpfe in der modernen Industriegesellschaft auslösten. Ähnlich wie in Detroit herrschten Orientierungslosigkeit und Unsicherheit. Er lieferte aber auch eine Zukunftsperspektive, die dritte Stufe der technologischen Entwicklung, die ohne Angst vor den Auswirkungen der technologischen Revolution begangen wird. Seine Techno-Rebellen verkörperten dabei die Agenten der dritten Welle der technologischen Entwicklung. Tofflers Buch half den Musikern, nach vorne zu schauen und lieferte gleichzeitig den Grund, warum sie eine neue Art von Musik kreieren wollten (vgl. Kuhn 1995). Richard Davies bemühte sich um die direkte soundtechnische Umsetzung dieser Botschaft und begeisterte Atkins für diese Philosophie. Musikalisch waren ihre Platten stark beeinflusst von der deutschen Band Kraftwerk, die wie keine andere Formation die Symbiose von Mensch und Maschine verkörperte. Darüber hinaus flossen die afrikanische Funk-Tradition Amerikas und der europäische Sound der Postpunk- Ära in die neue Musik ein. Den Zugang zu dieser Musik erhielten die Techno-Pioniere ab Ende der 70er Jahre, durch den DJ „Electrifying Mojo", der durch sein Radioprogramm maßgeblich das afro-amerikanische Radio prägte und zehn Jahre lang den Musikgeschmack Detroits mitbestimmte:

> „In seinen Programm-Sets setzte er sich über die für US-Radiostationen typische „Musical Apartheid" hinweg, indem er zum Beispiel James Brown, Pink Floyd, The Parliament, Joni Mitchell, Aretha Franklin, Kraftwerk, Prince, The B-52s oder The Clash und frühe Electro- und House- Produktionen in einen faszinierenden und radikalen Mix einband, der dem Einstieg von Euro-Sounds in die Detroiter Clubszene wesentlich den Boden bereitete" (Bachor 1995:80).

DJ Mojo war es auch, der die erste Single von Cybotron im Radio spielte: „Alleys Of Your Mind". Cybotron arbeitete noch auf dem bereits von anderen Musikern definierten Feld: Electro. Atkins machte Davis mit Richard Saunderson und Derrick May bekannt. Davis beeinflusste die beiden stark mit seiner Arbeitsweise. Während dieser Phase erschien „Techno City" und das Album „Enter", das den Horizont vergleichbarer Electro-Produktionen sprengte und seiner Zeit um einiges voraus war. Davis war enttäuscht vom Unverständnis der Hörer und als er Gitarren bei Cybotron einführen wollte, stieß er auf Widerstand bei Juan Atkins und die beiden trennten sich (vgl. Bachor 1995). Atkins machte mit seinen beiden Schulfreunden Derrick May und Kevin Saunderson weiter und gemeinsam bildeten sie die sogenannte „Detroit-Mafia". Inspiriert durch den Beat von Chicago House kreierten sie im Studio futuristi sche elektronische Musik „mit dem Anspruch, ständig musikalisches Neuland zu erforschen (Böpple/Knüfer 1996:29; Anz/Meyer 1995:18; Bachor 1995). Sie verwendeten alles, was an simplen Analog-Equipments zu haben war und kreierten damit einen „trockenen, kinetischen Funk mit donnernden Drums, der aber gleichzeitig melancholisch und absolut romantisch war, als flüsterten die Maschinen ein Klagelied darüber, wie es war, als junger Schwarzer im postindustriellen Amerika zu leben" (Collin/Godfrey 1998:35).

Die Bezeichnung Techno für die neue Musik lag vor ihren Augen. Im Gegensatz zu House verzichtete Techno auf emotionale Klangsignaturen und Verweise auf Disco und Soul. Das Ziel vieler Technoproduzenten war, ähnlich wie bei EBM Musik, eine abstrakte, rein auf den Körper wirkende Musik. Der Begriff Techno bürgerte sich im Laufe der Zeit für verschiedenste Spielarten elektronischer Tanzmusik ein. Im eigentlichen Sinn bezeichnet Techno aber allein jene Varianten, in denen eine gerade 4/4-Bassdrum zu hören ist. Das Zentrum bilden ein harter, gerader Beat, eine Synthesizer-Basslinie und reduzierte Melodiearrangements, wobei ab und zu eine roboterhafte Vocoderstimme hinzukommt. Techno wird bis heute von einem maschinellen Sound bestimmt.[19]

Atkins hatte sich einen Insider-Ruf in der Disco-Szene von Detroit, Chicago und New York geschaffen und galt als der Visionär und Pionier einer grundlegend neuen Form von Electronic-Dance-Musik. 1985 nahm Atkins, unter dem Namen Model 500, die wohl erste, von Außenstehenden registrierte, Techno-Platte auf: „No UFOs", die mit ihrer Textzeile „they say, there is no hope. They say there are no UFOs" die Furcht vor der Zukunft ausdrückte. Derrick May lieferte 1987 einen weiteren Techno-Klassiker „It is what it is" und drückte damit seine Motivation aus, die Menschen mit seiner Musik auf die Zukunft vorzubereiten (vgl. Böpple/Knüfer 1996; Blask/Fuchs-Gamböck 1995).

Die Weiterentwicklung dieser neuen Musikrichtung, der einsetzende Qualitätszerfall, der vorallem durch die europäische Musikindustrie vorangetrieben wurde, indem Techno aus Detroit plötzlich tausendfach kopiert wurde, wurde von Detroiter Seite als ein grobes Techno-Missverständnis empfunden. Für Derrick May drückte der Begriff Techno Individualität und Innovation aus, und positionierte sich entschieden gegen bürgerlichen Konformismus und Kommerzialisierung:

19 (vgl.http://www.technoguide.de/a/Techno/Tekkno/Was-ist-Techno/Tekkno-Der-Techno-Guide.html, 14.10.2009).

„Techno sollte den Leuten eine Alternative bieten. Das war der Grund, warum wir das Ding überhaupt machten (...). Wir wollten die Hörer an einen Punkt bringen, den sie vorher nie kennengelernt hatten. Geld spielte hierbei keine übergeordnete Rolle" (Derrick May, zit. nach Anz/Walder 1995:82).

Abbildung 6: Derrick May, Juan Atkins, Kevin Saunderson. http://funkdeli.com/blog/welcome-to-the-disco/funk-deli-disco-december-christmas-special-disco-gives-birth-to-house-music/, 13.09. 2010

In seinen Anfängen richtete sich Techno gegen das Star-System des Rock, weshalb viele Techno-Produzenten bis heute nicht als „echte" Musiker in Erscheinung treten wollen und ihre Platten unter einem Pseudonym veröffentlichen. Diese Sichtweise findet sich ebenfalls in der sich später entwickelnden Free Tekno-Bewegung wieder und spielt dort nach wie vor eine wesentliche Rolle. Anders verlief die Entwicklung am europäischen Festland, speziell in Deutschland, wo viele Techno-DJs über die Zeit zu Stars avancierten (vgl. Sven Väth, Westbam, Marusha, etc.)

In den 90er Jahren konzentrierten sich die nachkommenden Detroiter DJs und Produzenten darauf, Sounds bis auf das Wesentliche zu minimieren, um auf diese Weise überladenen Techno wieder klarer zu strukturieren und so neue Bereiche zu erforschen (vgl. Bachor 1995).

2.9. Techno in Europa

Jahrelang wurde unter den Begriff Techno unterschiedliche elektronische Musik subsumiert, wie beispielsweise EBM. Ab dem Jahr 1990 verstand man unter Techno dann jene Art elektronischer Tanzmusik, die sich aus Chicago House und Detroit Techno heraus entwickelt hatte. Zuerst noch als Techno-House bezeichnet, bürgerte sich bald das Wort Techno ein.

In England machte sich Warp Records aus Sheffield als erstes Techno-Label einen Namen. 1991 erfolgte dann der Durchbruch in Deutschland, wobei Frankfurt und Berlin als die Techno-Hochburgen galten. In Frankfurt eröffnete der später zu Starruhm avancierte DJ Sven Väth bereits 1988 seinen eigenen Club, „das Omen". Die neue Location entwickelte sich schnell zum europäischen Techno-Tempel und löste einen regelrechten Partytourismus aus, lange bevor Events wie die Love Parade aktuell waren (vgl. Mahlstedt/Kloos 1995).

In Berlin herrschten durch den Fall der Mauer und der ungeklärten Besitzverhältnisse paradiesische Zustände hinsichtlich ausgefallener Party Locations. Überall wurde am eigenen Entwurf von Techno gebastelt und jede Stadt brachte ihre eigenen Protagonisten und ihren eigenen Sound hervor. In dieser Zeit begann sich auch eine härtere Spielart von Techno zu entwickeln, die – je nach Härtegrad – entweder als Tekno, Tekkno, oder Tekkkno bezeichnet wurde (vgl. Anz/Meyer 1995:21; Böpple/Knüfer 1996:39). Die Schreibweise mit „k" bürgerte sich dann für die Spielart von Techno ein, die später in erster Linie auf Free Parties und in der Free Tekno-Bewegung von den Beteiligten bevorzugt wird.

Als Techno In den 90er Jahren in vielen Ländern Europas das Lebensgefühl eines großen Teils der Jugend zunehmend mitbestimmte, gelang es verschiedenen Industriezweigen einmal mehr, die Hauptströmung der neu entstandenen elektronischen Musik kommerziell zu vereinnahmen. Techno erlitt das gleiche Schicksal, das charakteristisch für fast alle Jugendbewegungen der letzten Jahrzehnte und deren Musik war. Die gegenkulturellen Ansätze der Anfangszeit und der afro-amerikanische Kontext wurden an den Rand gedrängt oder völlig ausgeblendet:

> „mit der „Europäisierung" haben sich Musik, Moden und Stile von ihren Wurzeln, die in der schwarzen Kultur liegen, entfernt" (Klein 2001:171).

Charakteristisches Beispiel dafür ist die Entwicklung der Loveparade in Berlin, die sich von einem kleinen Umzug mit 100 Personen – die das gemeinsame Feiern und eine vage Vision einer friedlicheren Welt verband – zu einer völlig kommerzialisierten Massenveranstaltung von mittlerweile über eine Million Teilnehmern entwickelte.[20] „Clevere Marktforscher" haben erkannt, dass Techno innovativ, kreativ, avantgardistisch, und auch verwertbar ist. Sie begannen sofort zu zählen und berechneten die „Kaufkraft" der sich neu entwickelnden Musik (Blask/Fuchs-Gamböck 1995:8). Ihre Rechnung ging auf und Techno entwickelte sich in rasanter Geschwindigkeit von einer Undergroundbewegung zu einem Massenphänomen, das ein breites Publikum anzog. Die neue elektronische Musikrichtung fand rasch ihren Weg aus kleinen Underground Clubs in Großraumdiskotheken und Hitparaden. Techno wurde einerseits von innovativen, kreativen Produzenten ständig weiterentwickelt, und gleichzeitig durch permanent neue Massenprodukte von großen Musikkonzernen am Musikmarkt ausverkauft. Wie sich Techno in den letzten Jahren musikalisch weiterentwickelte und wie viele weitere elektronische Musikgenres im Laufe der Jahre dazukamen (Jungle, Drum and Bass, Minimal Techno, Trance, Progressive, Dubstep…) kann in den im Anhang auf den Seiten 149–154 angeführten Büchern und Internetseiten nachgelesen werden.

Nach der grob skizzierten geschichtlichen Entwicklung elektronischer Musik werden im folgenden Kapitel die Gegebenheiten in England Ende der 80er Jahre genauer unter die Lupe genommen. Denn diese Ereignisse waren maßgeblich bestimmend für die spätere Entwicklung der Free Tekno-Bewegung.

20 vgl. http://www.sterneck.net/musik/sterneck-polit-musik/index.php, 06.11.2009

3. Der Acid Hype in England

„There was a new thing happening (in Goa, Anm.d.Verf.). It was happening in Ibiza, too, and in Amsterdam. By the time she got back, it was happening in London. A mad new music. A revelatory new drug. A new spirit and a new hope: acid house. It was beautiful for a time" (Stone 1996:125).

3.1. Elektronische Musik und Ecstasy – zwei Zutaten einer neuen Jugendkultur

„Als Ecstasy in den Achtzigern erstmals mit House Music in Verbindung gebracht wurde, entstand aus der daraus erfolgenden Reaktion die lebendigste und vielseitigste Jugendkultur, die es in Großbritannien je gegeben hatte" (Collin/Godfrey 1998:14)

Die Autoren des Buches „Im Rausch der Sinne" sehen in der Kombination von elektronischer Musik (in allen ihren Ausprägungen) und Drogen die treibende Kraft in der britischen Jugendkultur der späten 80er und frühen 90er Jahre. Die Bedeutung der sogenannten Ecstasy-Kultur beeinflusste nicht nur die Musik und die dazugehörenden kulturellen Ausdrucksmittel. Sie hatte darüber hinaus auch starke Auswirkungen auf die Regierungspolitik und deren Gesetzgebung und wurde gleichzeitig durch ganz bestimmte wirtschaftliche und soziale Umstände geprägt.

Der Acid-House-Trend und die dazugehörende Ecstasy-Kultur entwickelte sich in den 80er Jahren in Großbritannien gegen Ende der Thatcher-Ära. Von 1979 bis 1990 löste Margaret Thatcher's neoliberaler Kurs einen gesellschaftlichen Wandel in England aus, der das kollektive Bewusstsein des ganzen

Landes veränderte. Der individualistisch-kapitalistische Grundsatz der absoluten wirtschaftlichen Freiheit des Einzelnen trug dazu bei, dass Arbeitgeber immer mehr Macht und Reiche immer mehr Geld erhielten, während sich das Einkommen der unteren Klassen weiter verringerte. Massenarbeitslosigkeit, Niedriglöhne und die Förderung von Zeitarbeit verstärkten das aufkommende Unsicherheitsgefühl in der lohnabhängigen Bevölkerungsschicht. Die von der herrschenden Klasse propagierten Tugenden wie Leistungsfähigkeit und Produktivität verstärkten ein Konkurrenzdenken und förderten die Zersplitterung und Individualisierung der Gesellschaft (vgl.Collin/Godfrey 1998).

Das Gefühl von Entfremdung und das Schwinden von Gemeinschaft verband eine Masse von Individuen, die durch hemmungslosen Egoismus und Angst vor der Zukunft miteinander verbunden waren. Viele Angehörige dieser Generation fühlten sich von der Politik hinters Licht geführt und fanden keine Stütze in ihrer unmittelbaren Umgebung. Auf der Suche nach einer Alternative zur eigenen Lebensrealität, nach veränderten Bewußtseinszuständen, nach Gemeinschaft und Zugehörigkeit, stießen viele junge Menschen auf die neu entstehende, elektronische Jugendkultur und ihrer dazugehörenden Droge Ecstasy (vgl. Shapiro 1995). Die Ecstasy-Kultur beteiligte sich am Thatcherismus und setzte den extrem freidenkenden Kapitalismus für ihre Zwecke ein. Die unternehmerischen Impulse des kapitalistischen Systems wurden von den jungen Leuten aufgegriffen und förderten die von der Punk-Bewegung initiierte Idee des Do-it-Yourself:

> „(...) egal, ob man nun eine Platte machte oder einen Beutel Pillen verkaufte. Es ging grundsätzlich darum, mitzumachen und nicht nur zuzuschauen" (Collin/Godfrey 1998:17).

Aus dieser Logik heraus beteiligten sich unzählige junge Menschen an der sich entwickelnden Jugendkultur. Ecstasy wurde zum Katalysator der weiteren Entwicklung der Electronic-Dance-Music-Culture, weshalb ein kleiner Exkurs Einblicke in die Geschichte und Wirkungsweise dieser Substanz geben soll.

3.2. Ecstasy – die Partydroge der Rave-Generation

Ecstasy ist die Szenebezeichnung für eine Reihe von Amphetaminderivaten. Moleküle, die durch kleine Änderungen der chemischen Struktur von Amphetamin (Speed) abweichen. Ursprünglich wurde nur Methylen-Dioxy-Methyl-Amphetamin (MDMA) als Ecstasy bezeichnet. Im Laufe der letzten zehn Jahre tauchten eine Reihe anderer Amphetaminderivate mit ähnlicher Wirkung auf dem Schwarzmarkt auf, so dass heute auch MDA, MDE, MBDB und weitere Verbindungen zu Ecstasy gerechnet werden. Von internationalen Organisationen durchgeführte chemische Analysen zeigen, dass häufig auch andere Substanzen – etwa Speed, eine Reihe von Medikamenten oder Placebos – als Ecstasy verkauft werden. Manchmal finden sich gesundheitlich besonders bedenkliche Substanzen wie Atropin oder Methadon in den Proben. Ecstasy wird oral (über den Mund) oder nasal (durch die Nase) in Form von Tabletten, Kapseln oder Pulver eingenommen. Die Wirkdauer ist abhängig von der Dosierung, der Einnahmeform und persönlichen Faktoren wie Körpergewicht, Geschlecht oder vorherige Nahrungsaufnahme. Eine durchschnittliche Dosis Ecstasy wirkt 3 – 6 Stunden, MDA bis zu 12 Stunden.[21]

Die Substanz MDMA (Methylendioxymethamphetamin) wurde erstmals 1912 vom Chemiker Anton Köllisch hergestellt und vom deutschen Pharmakonzern Merck in Darmstadt patentiert. Ursprünglich war MDMA als Zwischenprodukt zur Herstellung anderer Arzneimittel gedacht (vgl. Shapiro 1995). Danach wurde die Substanz ins Regal gestellt und jahrzehntelang vergessen, bis sie von der US-Armee für den potentiellen Einsatz im kalten Krieg getestet wurde. Im Anschluss daran geriet MDMA bis 1965 wieder in Vergessenheit, bis es schließlich von einem an der University of California at Berkeley lehrenden Chemiker, Alexander Shulgin, resynthetisiert wurde. Shulgin arbeitete später bei der Dole Chemical Company und begann, ausgelöst durch seine Erfahrung mit Meskalin 1960, psychedelische Präparate herzustellen. Die erzeugten Substanzen waren jedoch weder zu vermarkten noch wurden sie in einem Amerika, das zu dieser Zeit gerade einen moralischen Feldzug gegen LSD betrieb, akzeptiert. Shulgin kündigte und richtete sich ein eigenes Laboratorium ein, wo er in den nächsten Jahrzehnten eine Vielzahl bewußtseinsverändernder Drogen kreierte. Er war davon überzeugt, dass die pharmakologische Forschung wirkungsvollere Möglichkeiten herstellen konnte, um sozialisationsbedingte Wahrnehmungsmuster aufzubrechen. Um den

21 vgl. Cousto 1995; http://www.checkyourdrugs.at/data/_static/beratung/index.html, 07.06.2009

vom Unbewußten faszinierten Wissenschaftler versammelte sich eine Gruppe von Anhängern, die sich als Testpersonen zur Verfügung stellten und sich umfassend mit all den neuen Substanzen auseinandersetzten. Shulgins Freiheit, seine Substanzen an Menschen zu erproben, wurde 1986 eingeschränkt. 1994 musste er endgültig seine Lizenz zur Arbeit mit illegalen Drogen abgeben (vgl. Collin/Godfrey 1998). Shulgin selbst war beim ersten Konsum von MDMA über die Wirkung erstaunt:

> „Es war kein Psychedelikum im visuellen oder interpretatorischen Sinne, aber die Helligkeit und Wärme eines Psychedelikums waren vorhanden und sehr bemerkenswert" (Shulgin 1991:87).

MDMA wirkt auf eine Weise auf die chemischen Vorgänge im Gehirn ein, die bis heute noch nicht völlig geklärt ist. Nach der Aufnahme in den Blutkreislauf gelangt ein Teil der Substanz ins Gehirn, wo es in bestimmten Bereichen seine Wirkung entfaltet. Die Substanz bewirkt vor allem eine vermehrte Freisetzung des Neurotransmitters Serotonin, was zu einer Reduzierung des Hunger- und Durstgefühls führt. Weiters löst der Konsum von MDMA erhöhte Wachheit und Aufmerksamkeit aus, sowie eine Erhöhung der Körpertemperatur und des Blutdrucks. Das Amphetaminderivat verstärkt Gefühle wie Glück und Euphorie und hat eine empathische und schwach halluzinogene Wirkung.

Ecstasy galt deshalb als die Partydroge Nummer Eins in der Acid-House-Ära, da sie durch ihre empathiefördernde Wirkung die Teilnehmer einer Party verband und ein starkes Gemeinschaftsgefühl evozierte (vgl. Cousto 1995). Wenn Ecstasy das Serotoninsystem nach einigen Stunden nicht mehr beeinflusst, verkehren sich Körper- und Gefühlszustand langsam ins Gegenteil. Oft wird von Betroffenen Müdigkeit, Erschöpfung, Verwirrung, sowie Traurigkeit und depressive Verstimmungen berichtet. Das menschliche Gehirn benötigt bis zu vier Wochen, um seinen natürlichen Serotonin-Spiegel wieder aufzubauen.[22]

Die empathische Wirkung dieser Droge war es, die Shulgin und viele Psychotherapeuten hauptsächlich begrüßten. 1977 machte Shulgin einen älteren Psychologen auf MDMA aufmerksam. Dieser begann andere Psychologen auf die therapeutischen Möglichkeiten, die diese Substanz beinhaltete, hinzuweisen. Aufgrund der Gefühls-, Empathie- und Selbstakzeptanz verstärkenden Wirkung von MDMA wurde diese Substanz von einigen tausend Therapeuten

22 vgl. http://www.checkyourdrugs.at/data/_static/beratung/index.html; Cousto, 1995.

im psychotherapeutischen Setting in den USA eingesetzt (vgl. Collin/Godfrey 1998). Insbesondere in der Behandlung des Posttraumatischen Stresssyndroms, von Bulimie, in der Arbeit mit todkranken Patienten und in Paartherapien wurde von Erfolgen berichtet. Um 1976 erschienen die ersten Artikel über die Wirkung von MDMA in medizinischen Fachzeitschriften und in den späten 70er Jahren tauchte MDMA unter dem Namen „Ecstasy" oder „X" in den USA schließlich vermehrt außerhalb des psychotherapeutischen Settings, in Bars und Lokalen auf. 1985 wurde die Droge in den USA schließlich verboten. Bereits 1982 gelangte die Substanz in geringen Mengen, zum Teil direkt aus der New Yorker Clubszene, nach England. Zuerst wurde Ecstasy hauptsächlich von der Soho-Elite, bestehend aus Modedesignern, Musikern und Journalisten, genommen. Aber bereits nach einem Jahr entdeckte eine völlig andere Gesellschaftsschicht die neue Droge. Es waren größtenteils Jugendliche aus der Arbeiterklasse, die mit der Droge auf ihren Ibiza-Urlauben in Kontakt kamen und diese nach England importierten (vgl. Shapiro 1995; Wright 1998).

Die erste Ecstasy-Erfahrung verändert bei vielen Konsumenten oft die eigene Art zu denken und zu fühlen. Collin und Godfrey betrachten den typischen Zyklus des Ecstasy-Konsums aus einer kulturellen Perspektive und teilen ihn in verschiedene Phasen ein. Mit dem ersten Konsum und der damit zusammenhängenden Rauscherfahrung beginnt die „Flitterwochen-Phase", die sich durch einen glückseligen, verliebten Zustand auszeichnet, in dem man glaubt, sein neugewonnenes Glück jedem mitteilen zu müssen. Allmählich beginnt die anfängliche Begeisterung nachzulassen und die Wirkung verliert an Stärke. In dieser Phase steigern einige User ihren Konsum bis zum Missbrauch, was oft körperliche oder psychische Beschwerden zur Folge hat. Die dritte Phase ist begleitet von Enttäuschung und Ernüchterung. Es wird versucht die Tatsache zu akzeptieren, dass das anfängliche Hoch-Gefühl nicht mehr erreicht werden kann. Die letzte Phase ist durch die Bemühung gekennzeichnet, sich in einer Welt nach der Ecstasy-Erfahrung neu zurechtzufinden und das eigene Gleichgewicht wieder herzustellen.

> „When I go to raves and use Ecstasy it breaks down barriers. It breaks down preconceptions, it makes it easier to meet people...you think about how it changes you and how you feel while you're on it (...) and you try and take the feeling that you get when you are high and relate it to your own life" (Interview, male raver, Toronto 1995 zit. nach: Wilson 2006:37-38).

Vielen Konsumenten gelingt diese Umsetzung und der Ausstieg nicht ohne weiteres und sie finden sich in einem von Drogen bestimmten Teufelskreis wieder. Die Phasen vergleichen Collin und Godfrey mit der allgemeinen Entstehung, Entwicklung und Veränderung von Szenen bzw Jugendkulturen, indem sie jeder Szene ihre individuellen Flitterwochen sowie Phasen exzessiven Konsums, Enttäuschung und schließlich erneutem Arrangement zuschreiben (vgl.Collin/Godfrey 1998).

Die genannten Erfahrungen mit Ecstasy teilten tausende Jugendliche in England, als die Acid-Welle die britische Insel 1987 überrollte und im „Summer of Love“ 1988 ihren Höhepunkt fand. Wie es nun dazu kam, dass Ecstasy in kürzester Zeit von einer Insider-Droge zu einem kulturdefinierenden Merkmal einer ganzen Generation wurde, und wie sie mit der neuen elektronischen Musik Hand in Hand ging, erläutert das folgende Kapitel.

3.3. Englands „Summer of Love“ 1988

Ende der 80er Jahre war Englands Clubszene ausgebrannt und eine Revitalisierung der Dancekultur war längst fällig. Die Kombination mehrerer, miteinander verbundener Entwicklungen beeinflusste nicht nur Englands Musiklandschaft für die nächsten Jahre nachhaltig. Eine ganze Generation junger Menschen wurde vom Acid Fieber gepackt und versetzte konservative Politiker und Exekutive in einen Alarmzustand (vgl. Shapiro 1995; Böpple/ Knüfer 1996; Collin/Godfrey 1998).

3.3.1. Sonne, Strand und Party

Einer der Einflüsse auf die Entstehung der Acid-House-Szene kam aus Ibiza. Die Balearen Insel war bis in die 60er Jahre ein ruhiger Ort mit wenig Infrastruktur und kaum vorhandenem Tourismus. Unterkünfte waren billig und die Strände noch leer, weshalb die Insel ein Geheimtipp bei Hippies und Rucksacktouristen war. Diese Gruppe von Menschen zogen eine eigene Infrastruktur mit Kommunen auf, veranstalteten Parties in alten Fincas und betrieben einen gut funktionierenden Drogenhandel. Mit der Eröffnung des Flughafens stiegen die Touristenzahlen stetig an und Ibiza wurde zu einem klassischen Urlaubsziel vor allem für Menschen aus der britischen Arbeiterklasse, die sich in den billig hochgezogenen Touristenzentren amüsierten. Die immer stärker werdende Kommerzialisierung und Touristeninvasion vertrieb die Hippies schließlich von

Ibiza. Sie hinterließen auf der Insel aber einen bestimmten Spirit der Freiheit und eines selbstbestimmten Lebens, wo Parties ohne Eintritt mit Musik und Tanz unter Sternenhimmel gefeiert wurden. Aus dieser Zeit blieben zwei der bedeutendsten Nachtclubs Ibizas erhalten: das Pacha und das Amnesia. Die Clubs auf Ibiza boten extravagante Dekorationen, Kuschelecken und die Tanzflächen befanden sich unter freiem Himmel. Auch das Publikum war völlig bunt gemischt, Menschen aller Altersstufen und Nationalitäten waren anzutreffen (vgl. Collin/Godfrey 1998). Auf der Grundlage der House-Sounds der afroamerikanischen Pioniere entwickelte sich auf Ibiza der sogenannte „Balearic Sound", der als zentrales Element einen gnadenlosen, gleichmäßigen perkussiven Beat aufwies, und alle folgenden Formen elektronischer Dancemusik – von Ambient Music über Drum and Bass, Techno und vielen mehr – nachhaltig beeinflussen sollte (vgl. Shapiro 1995). Waren vor diesem neuen Sound noch Drogen wie LSD, Meskalin oder Kokain auf den Parties angesagt, kam anfang der 80er Jahre eine weitere Substanz dazu. Wie durch einen Zufall traf die Verbreitung von Ecstasy mit dem Import der ersten House-Platten auf Ibiza zusammen.

Als die Arbeitslosigkeit in den 80er Jahren in England zunahm, kam eine weitere Gruppe von Touristen auf die Insel, die eine lebenskünstlerische Neuauflage der Hippie-Szene darstellte: Jugendliche aus der englischen Arbeiterklasse, die mehr als nur 2 Wochen durchsaufen wollten. 1987 eröffneten zwei britische DJs, die seit Anfang der 80er Jahre Urlaub auf Ibiza machten, eine eigene Bar auf der Insel, die zu einem wichtigen Treffpunkt für die Leute wurde, die später den Kern der Acid-House-Szene in England formten. Ein englischer DJ beschrieb seine Erfahrungen folgendermaßen:

> „Es war fast wie eine religiöse Erfahrung; die Kombination aus Ecstasy nehmen und dann in einen warmen Open-air-Club gehen, voller wunderschöner Leute – du bist im Urlaub, du fühlst dich super, und dann kommst du plötzlich mit total anderer Musik in Kontakt, als du aus London gewöhnt bist. Diese seltsame Mischung war absolut neu und aufregend für uns und sehr inspirierend" (Johnny Walker zit. nach Collin/Godfrey 1998:67).

Je weiter der Sommer auf Ibiza voranschritt, desto größer wurde die Gruppe von englischen Arbeiterkids, die vorallem aus den südlichen Randgebieten Londons kamen. Sie feierten zusammen im Amnesia und anderen Clubs und die gemeinsame Zeit wurde zu einer idealisierten Erfahrung, die viel Platz für utopische Träumereien ließ und als Katalysator für bevorstehende Dinge wirkte. Das enorme Gemeinschaftsgefühl, das rasche schließen von Freundschaften wurde durch die Droge Ecstasy erheblich verstärkt.

Zurück in England, wo gerade die dritte Amtszeit der konservativen Regierung begann, überrollte eine Konsumwelle das Land, die durch unkontrolliertes Geldausgeben auf Kreditbasis ausgelöst wurde. Thatchers „Wirtschaftswunder" ging in die letzte Phase, bevor der große Crash auf dem Aktienmarkt (Black Monday) eine weitere Rezession einleitete. Das Elitedenken und die exklusive „Style Culture" von Londons Clubszene spiegelte diesen kurzen finanziellen Höhenflug wider. Die britischen DJs und Partypeople, die von ihrem Ibiza-Urlaub zurückkamen, waren mit der Tatsache konfrontiert, dass es in London nichts Vergleichbares gab, wo man an die bewußtseinsverändernden Ibiza-Erfahrungen anknüpfen hätte können. Sie benötigten etwas Eigenes. Zwei der DJs, Paul Oakenfold und Ian St. Paul begannen, den Project Club in London nach der Sperrstunde für die Ibiza-Crew wieder aufzumachen und veranstalteten dort die ersten Afterhour-Parties, wo hauptsächlich Chicago- und New York-House aufgelegt wurde (vgl. Wildermann 1995; Wilson 2006). Es dauerte nur wenige Wochen, bis nach mehreren Polizeirazzien der Club schließen musste. Der weitere Versuch, den sonnigen Inselsound in der Londoner Clubszene zu verankern, hatte zur Folge, das 1987 eine ganz neue Generation von Clubs aus dem Boden schoss (vgl. Wildermann 1995; Redhead 1997; Collin/Godfrey 1998). Zwei der bekanntesten waren das Shoom und das Future.

> „Das Shoom war ein Club, wo alles möglich war. Es herrschte dort ein unheimliches Gefühl von Freiheit, keine Einschränkungen. Wir begrüßten alle Leute, die kamen und sagten tschüs, wenn sie wieder gingen (...). Wir gaben den Leuten das Gefühl, dass sie wirklich beteiligt waren, nicht nur, dass sie in einen Club gingen und dafür bezahlten",

beschrieb Danny Rampling, einer der Gründer des Shoom, die damalige Stimmung (Danny Rampling zit. nach Collin/Godfrey 1998:75). Die vorherrschende Einstellung im Shoom war geprägt von MDMA, Empathie, Gefühl, Sound und der Hippie-Formel „Peace and Love". Für die Ibiza-Clique war Ecstasy die wichtigste Droge und es dauerte nicht lange, bis sie, neben den knall bunten Outfits, in großen Teilen Englands zu einem kulturdefinierenden Merkmal einer ganzen Generation wurde. Die neue Mode, bestehend aus bunten Shorts, Turnschuhen und T-shirts war der Ausdruck dafür, dass der Urlaub noch nicht vorbei war und der strenge Dresscode der Londoner Club Szene abgelehnt wurde. Auch der gelbe Smiley, eigentlich ein Hippie-Symbol für Liebe und Glück, wurde von den „Shoomern“ als Logo entdeckt und erlangte in der aufkommenden Acid-House-Szene Kultstatus. Auf T-shirts, Flyer und Plattencovers gedruckt, wurde der Smiley zum Verkaufsrenner und zu dem Synonym für die Acid-House-Szene[23] (vgl. Collin/Godfrey 1998; Böpple/Knüfer 1996).

Abbildung 7: gelber Acid-Smiley. http://www.schwimmerlegal.com/smiley.jpg, 18.05.2009

Motiviert durch den bemerkenswerten Erfolg des Shoom, verlegten seine Besitzer den Club ins Westend und begannen nun, hippe Szenetypen für ihre Clubnächte zu umwerben. Wurde noch der Slogan „Peace and Love“ als allgemeiner Grundsatz angepriesen, begann die Szene bereits auseinander zu brechen. Viele Stammgäste meinten, das Shoom hätte seine Philosophie verraten und kritisierten den neuen, kommerziellen Weg des Clubs. Für viele begann sich die einzigartige Vertrautheit aufzulösen. Für Roger Beard, einem alten Hippie-Veteranen, war es unvermeidlich,

> „dass in einer chaotischen sozialen Situation ohne definierte Ansichten, der rekonstruierte Hippie-Idealismus unter dem Gewicht der zahlreichen Neuzugänge zusammensacken musste“ (Collin/Godfrey 1998:84).

Eine Dynamik, die immer wieder beobachtet werden kann, wenn aus kleinen, überschaubaren Szenen große Massenphänomene werden. Beard sah das Problem der Szene darin, dass sie nur solange vorhanden war, wie man an einer Party teilnahm. Im Vergleich dazu war die Hippie Bewegung in den 60er Jahren eine Sache, die sehr viel mehr miteinschloß. Bei der sich neu entwickelnden Szene

23 In Amerika wurde der Smiley durch eine fliegendene Untertasse als Logo für die sich entwickelnde Rave-Kultur ersetzt.Quer durch Amerika waren UFOs oder grüne Aliens mit großen Augen die beliebtesten Logos auf den T-shirts der Raver. Für Matt Adell, dem Gründer des Chicagoer Record Label Organico, stehen UFOs stellvertretend für Psychedelika, die einem die Möglichkeit bieten, in eine andere Realität einzutauchen.UFOs drücken demnach den Glauben aus, dass noch andere Welten existieren, die erforscht werden wollen (vgl. Champion 1997).

> „ging alles so schnell, dass es eigentlich nur eine ganz kurze Zeit gab, bevor so viele andere Dinge hinzukamen und alles in die falsche Richtung zu gehen begann“ (ebd.).

Neben diesen Ereignissen begann auch die kapitalistische Profitgier um sich zu greifen und viele, die am Beginn wegen dem Spaß an der Sache mitmachten, witterten jetzt die Möglichkeit, Geld damit zu verdienen. Das betraf vor allem den Drogenhandel, der sich enorm vergrößerte und ein Konkurrenzdenken förderte, das nicht nur die Atmosphäre des Clubs, sondern ganze Freundschaften zerstörte. Kurze Zeit später öffnete ein weiterer Club, „the Trip“, seine Tore und hob die Szene offiziell aus dem Untergrund, was eine weitere Verkommerzialisierung zur Folge hatte. Acid-House wurde für die Massen zugänglich (vgl. Collin/Godfrey 1998).

Angesteckt von den ersten Warehouse-Parties, öffnete ein Pärchen aus Nord-London, Paul Stone und Lu Vukovic, den Club RIP, der jeden Samstag Techno, Acid und Garage spielte. Im Gegensatz zum üppig dekorierten Shoom gab es hier nur erbarmungsloses Stroboskoplicht und Trockeneisnebel. Das Publikum war buntgemischt und es herrschte eine elektrisierend gefährliche Atmosphäre. Die Motivation der beiden Veranstalter wurde von einem Idealismus getragen, der seine Wurzeln im anarchistischen Punk hatte. Besonders Vukovic glaubte an das Potential der Szene, sich zu einer Kraft zu entwickeln, die politische Veränderungen bewirken konnte, und sich gegen das Establishment richtete (vgl. Collin/Godfrey 1998:89). Mit diesen visionären Gedanken nahm sie Sichtweisen der sich später entwickelnden Free Tekno-Bewegung vorweg.

3.3.2. Warehouse-Parties

Neben dem Einfluss aus Ibiza und der Dynamik in London war vor allem der Nordwesten Englands maßgeblich an der Entstehung der Acid-House-Szene beteiligt. Besser bekannt für ihre verfallenden Industriegebiete, als für ein aufregendes Nachtleben, absorbierte diese Gegend schon seit einiger Zeit die Underground-Sounds aus New York, Detroit und Chicago, weshalb House Musik in den Clubs wie dem Hacienda in Manchester schnell akzeptiert wurde. Es entstand eine Szene von Bands (Happy Mondays, Stone Roses, u.v.m.), die eine Fusion mit der neuen elektronischen Musik einging, indem sie Rock mit House-Elementen vermischte (vgl. Shapiro 1995; Anz 1995).

Das Hacienda, das 1982 in Manchester seine Türen öffnete, war der Club Englands, der House Musik einem breiteren Publikum zugänglich machte und so einen großen Teil der Beteiligten für die späteren Raves und den „Summer of Love“ 1988 generierte. Viele Ibiza-Veteranen hatten es sich zu ihrer Mission gemacht, die Ecstasy-Erfahrung aus dem Urlaub auch in Manchester zu verbreiten. Aufgrund der Tatsache, dass alle Clubs um zwei Uhr Nachts schließen mussten, begannen Leute damit, in winzigen Locations oder auf Fabrikgeländen die Party fortzusetzen. Die Clubbesucher organisierten sich nach der Sperrstunde zu einer Autokolonne, die dann von Eingeweihten zur neuen Partylocation geführt wurde (vgl.Collin/Godfrey 1998; Hemment 1998). Die ersten selbstorganisierten Sound-System-Party-Kollektive entstanden.

> „Bei Warehouse-Parties war von vornherein alles erlaubt. Es war der Beginn einer Clubbing-Kultur, die sich gegenüber der Schicki-Micki-Atmosphäre der 80er Jahre Diskotheken durch offeneren Umgang und Hedonismus auszeichnete“ (Böpple/Knüfer 1996:31).

Vor allem die wenig bedeutsame Stadt Blackburn wurde zu einem wichtigen Zentrum der sich entwickelnden „Do-it-Yourself-Party-Bewegung“, und das Underground-Party-Kollektiv Hardcore Uproar zu einem der bekanntesten Veranstalter (vgl. Hemment 1998). Die Energie der ersten Raves in London verbreitete sich wie ein Lauffeuer über das gesamte Land und erreichte auch die entferntesten nördlichen Ballungszentren, postindustrielle Brachflächen, die von der Regierung Englands – weil wirtschaftlich nicht mehr rentabel – links liegen gelassen wurden. Junge Menschen begannen sich die leerstehenden Lager- oder Fabrikshallen anzueignen und die Räumlichkeiten als Party-Locations zu nutzen. Diese selbstorganisierten Warehouse-Parties fanden zu einem Zeitpunkt statt, kurz bevor sich Acid-House zu einem kulturellen Massen-Phänomen entwickelte und kommerziell rentabel wurde, und waren mit nichts vergleichbar:

> „For the first time ever there were situations where there weren't any barriers. There'd be Rastas and skin'eads and punks, and everybody was just partying together and there was this amazing feeling of strength and unity, and people were really starting to communicate“ (Stone 1996:125).

Die Parties durchbrachen ethnische und schichtbezogene Barrieren, wie auch schon die Clubnächte im Hacienda, und brachten die unterschiedlichsten Menschen dazu, gemeinsam zu feiern und zu tanzen. Sowohl junge Menschen vom

Land, als auch Stadtbewohner aus unterschiedlichen Gesellschaftsschichten wurden von dem neuen Sound angezogen. Viele Beteiligte der neuen Dance-Kultur erlebten das Wegfallen der sozialen Barrieren als Befreiung und der Ecstasy-Konsum verstärkte das Gefühl einer neuen Einheit, die über die Kategorisierungen Frau/Mann, Schwarz/Weiß, Hetero/Homo, Reich/Arm hinausging. Revolutionär daran war, dass der Musikgeschmack die Zugehörigkeit zur neuen Jugendkultur festlegte, und nicht die traditionelle britische Gesellschaftsstruktur (vgl. Wright 1998:232ff). Die Signifikanz dieser Parties lässt sich in dem Kontext eines ökonomisch und kulturell desolaten Zustandes dieser Region verstehen, der in der Hoffnungslosigkeit vieler Bewohner zum Ausdruck kam. Die Tatsache, dass die dort lebenden Menschen nichts zu verlieren hatten, erklärt die immense, kreative Energie, die bei den Parties freigesetzt wurde. Durch das Partizipieren an diesen Parties entwickelte sich eine regionale Identität und ein gewisser kultureller Stolz. Der Spaß gemeinsam zu der neu importierten Acid-House-Musik zu tanzen, brachte Menschen aus allen Ecken des Landes zusammen und ließ ein Gefühl von kultureller Selbstbestimmung aufkommen (vgl. Hemment 1998:210ff).

Ein musikalischer Wegbereiter der Warehouse-Parties war das Phänomen, das als „Northern Soul" in den 70er Jahren im Norden Englands bekannt wurde. Wie die später folgende elektronische Musik, wurde Northern Soul von britischen Musikfans mit mehr Begeisterung aufgenommen, als von Hörern in den USA, wo er seinen Ursprung hatte (vgl. Shapiro 1995:343). Um den Bedarf an dieser Musik weiterhin zu decken, reisten englische DJs und Plattensammler in den 70er Jahren nach Nord-Amerika, um von dort neue „rare grooves", afro-amerikanische Soulplatten, für die englische Northern Soul Dance-Szene mitzubringen (ebd.). Wie die aufkommende neue Acid-House-Szene war Northern Soul „deeply underground", und blieb es im Gegensatz zur neuen Dance-Kultur. Da die Fans dieser Musikrichtung entweder eine ganze Nacht, oder ein ganzes Wochenende durchtanzten, wurden sie als „all-nighters" bezeichnet (vgl. Hemment 1998). Auch bei Acid-House-Parties war die gemeinsame Bewegung der Körper zur Musik ein elementarer Bestandteil, was ein Beteiligter folgendermaßen auf den Punkt brachte:

> „Die Drums gaben den Rhythmus, und die Leute ließen sich ganz darauf ein, so als ob etwas Urzeitliches in uns geweckt wurde. Euphorie durchströmte alles, echte Glückseligkeit. (...) Da ist etwas in dir, wenn du tanzt; du bist in einer ganz anderen Dimension, du erlangst ganz andere Einsichten. Und wenn du das mit einer Masse anderer Menschen tust, dann läßt du dich von der Kraft und Energie vorwärtstragen" (Collin/Godfrey 1998:170).

Innerhalb weniger Monate wurden die Blackburn-Raves im gesamten Nordwesten Englands bekannt, und zogen immer mehr Menschen an. Die ersten legalen Versuche wurden schnell von der Polizei wegen Lärmbelästigung gestoppt, was eine Explosion von illegalen, underground Warehouse-Parties zur Folge hatte. Es begann ein Katz-und-Maus-Spiel zwischen Polizei und Partyteilnehmern. Erst kurz bevor die Party losging, wurde das Sound System ins Warehouse gebracht und aufgebaut. Danach wurde der Konvoi so schnell wie möglich zur ausgewählten Location per Mobiltelephon hingelotst. Schafften es die Leute vor der Polizei in die Halle zu kommen, waren die Gesetzeshüter machtlos und die Party konnte beginnen. Der Autokonvoi wurde dabei zu einem essentiellen, spaßbringenden Faktor der gesamten Aktion. Die extreme Flexibilität und Spontanität ließ oft nur ein Minimum an Dekoration und zusätzlichem Equipment zu. Einfache Backdrops und die bunten Figuren der tanzenden Menge machten meist die Atmosphäre aus. Musikalisch bewegte sich das Spektrum auf diesen Parties im „Balearic Sound", die englische Fusion von amerikanischem House á la Frankie Knuckles und Juan Atkins Detroit Techno, europäischem Hard Beat, und Ambient Sounds aus Ibiza. Im Sinne einer „do-what-you-like" Einstellung fanden die verschiedensten Musikgenres Eingang in den Mix der DJs. Wichtig war der Fokus auf den Rhythmus (vgl. Hemment 1998). Die ersten Warehouse-Parties kennzeichnete eine dezentrale Art der Organisation, an denen die Beteiligten in erster Linie wegen dem Vergnügen an der Sache selbst partizipierten. Es gab keine strikte Trennung von Organisatoren und Partybesuchern. Die Tatsache, dass sich alle einbringen konnten, hatte den Effekt, dass soziale Zwänge aufgehoben wurden und das gemeinsame Handeln Menschen verschiedener Herkunft vereinte – „equal under the groove, as the saying goes" (Hemment, 1998:216).

Mit der Zeit begann sich aber eine Gruppe von Kriminellen der Blackburn Parties anzunehmen, die durch ihre straffe Organisation der niedrigen Eintrittspreise enorme Profite abkassierten. Damit die Unabhängigkeit und die Parties nicht aufhörten wurde dieser Umstand von vielen Menschen mit einer Naivität in Kauf genommen und akzeptiert. Die unschuldigen Idealisten darunter verbrannten sich die Finger und standen vor ihren zerbrochenen Illusionen, als sich die Atmosphäre rund um die Parties und auf den Parties selbst in eine immer unangenehmere verwandelte. Ein trauriger Höhepunkt unterdrückender Polizeigewalt fand im Juli 1990 in der Nähe von Leeds statt, als eine Warehouse-Party von der Polizei in voller Montur gestoppt wurde. Die Polizisten prügelten mit Schlagstöcken auf die herauskommenden Raver ein und nahmen insgesamt 836 Personen fest (vgl. Hemment 1998; Collin/Godfrey

1998). Diese kollektiven Erfahrungen verstärkten das neue Gemeinschaftsgefühl und der gemeinsame Feind band die Menschen zusammen und politisierte sie. Aus dem Free-Party-Entertainment wurde ein Free-Party-Movement. Trotz der Null-Toleranz-Strategie und der brutalen Vorgehensweise der Polizei, war es nicht die Exekutive, die die Warehouse-Parties stoppte, sondern die Aktivitäten der Blackburn Gangster, die die Szene immer weiter unter ihre Gewalt brachte (vgl. Hemment 1998).

Der Aufstieg der Acid House Szene hing auch mit dem Umstand zusammen, dass sich das Wissen um die Produktionsweise elektronischer Musik rasch verbreitete und die neuen technologischen Mittel vielen Menschen die Möglichkeit bot, selbst Musik zu produzieren. Durch die Strategie des Do-it-Yourself und durch den einfachen Zugang zum technischen Equipment, fand eine Demokratisierung des kreativen Prozesses statt. Weiters förderte der Boykott der modernen elektronischen Tanzmusik durch die staatlichen Radio-Sender die Gründung vieler Piratensender, die eine wesentliche Grundlage für einen funktionierenden englischen Underground lieferten (vgl. Wildermann 1995). Jazzy Ms Radioshow „Jackin' Zone", auf dem Piratensender LWR trug durch die neuesten Importe aus Chicago, Detroit und New York, wesentlich dazu bei, ein Publikum für House Musik zu schaffen (vgl. Collin/ Godfrey 1998).

Im Juni und Juli 1988 begannen dann alle großen Clubs in London von Funk auf Acid House umzusteigen und plötzlich trug jeder grelle Outfits, Smiley T-shirts und hatte ein Dauergrinsen im Gesicht. Das RIP, The Trip, das Spectrum und viele andere Clubs waren gut besucht und der Sommer der Liebe steuerte auf seinen Höhepunkt zu (ebd.). Auch die selbstorganisierten, illegalen Acid-House- Parties in leerstehenden Lagerhallen verbreiteten sich immer weiter. Zentrales Informationsmedium, neben dem „word by mouth", war – und ist es bis heute geblieben – der Flyer. Als Verbreitungsmedium für Partyinformationen tauchte der Flyer erstmalig anfang der 80er Jahre in der amerikanischen Punkszene auf (vgl. Böpple/Knüfer 1996). In England wurde er dann zu einem der wichtigsten Informationsmedien in der Acid-House-Bewegung und setzte sich seitdem in unterschiedlichsten Musikszenen durch, um Partyinformationen anzukündigen. Dabei entwickelten sich viele verschiedene, für die jeweilige Musikszene, charakteristische Designs (vgl. Kap.5.4.1.).

3.4. „Acid House Parties" transform into „Massive Raves"

Es dauerte nicht lange und die Medien entdeckten das Phänomen Acid House und lieferten die ersten Horrorgeschichten über drogenkonsumierende Jugendliche, die zu pumpenden Beats die Nacht durch tanzten. Schlagzeilen wie „Ban this killer music" oder „Drug crazed Acid House Fans" wurden von Zeitungen wie „The Post" oder „The Sun" veröffentlicht und lösten, vor allem unter konservativen Politikern, Panik aus, was sich schließlich auch auf das Vorgehen der Polizei auswirkte. Hatte die Exekutive bis dahin noch betont, Acid House stelle kein gravierendes Problem dar, wurden jetzt vermehrt Razzien gegen illegale Acid House Parties vorgenommen.

Zu dieser Zeit begann sich auch Tony Colston-Hayter, Sohn eines Universitätsprofessors und einer Rechtsanwältin, für die Szene zu begeistern. Inspiriert durch die Parties im Shoom, war er davon überzeugt, dass diese Szene nach außen geöffnet werden sollte. Parties sollten nicht für 100 Menschen, sondern für 1000 Menschen veranstaltet werden. Gemeinsam mit einem Freund organisierte er die ersten Events in den Wembley Studios im August 1988, die den Anfang vom Ausverkauf des Acid Phänomens markierten. Aufgrund der immer härteren Vorgehensweise der Polizei gegen Acid House Parties im Londoner Stadtzentrum begann Colston-Hayter große Parties am Land zu veranstalten. Er verkaufte 1000 Karten und organisierte Busse, um die Partypeople zu einem atemberaubenden Spektakel, dem „Sunrise Mystery Trip", zu chauffieren. Ein angemietetes Reitzentrum in Buckinghamshire wurde zu einer hedonistischen Wunderwelt umfunktioniert, die von Trockeneisnebel über Laseranlagen, Hüpfburgen, gigantischen Soundanlagen und Stroboskoplichtern alles aufbot, was MDMA beeinflusste Herzen begehrten. Diese innovative, technisch aufwendige Umgebung setzte neue Maßstäbe für kommende Parties und stellte, chronologisch betrachtet, das Ende des Sommers der Liebe 1988 dar (vgl. Collin/Godfrey 1998). Für manche Musikhistoriker und Theoretiker repräsentierte dieser zweite „Summer of Love" den Anfang vom Ende einer Kultur, die ihre Wurzeln in den Dance-Musikszenen der 70er und 80er Jahre in New York City, Detroit, Chicago und Ibiza hatte (vgl. Wilson/Atkinson 2005). Für Matthew Collin war dies der Moment, „an dem die House-Szene aufhörte, eine einzige große Einheit zu sein" (Collin/Godfrey 1998:90). Es begann eine musikalische Diversifizierung, die sich rasant in den verschiedensten Ländern ausbreitete und zu zahllosen Subkulturen und Genres führte, deren Ursprung kaum noch erkennbar war (ebd.).

Ab 1989 war nicht mehr von Acid Hous Parties die Rede. Die größeren, meist spektakulären Parties wurden nun als Raves bezeichnet. Es begann ein Wettstreit zwischen verschiedenen Organisatoren, die sich durch gigantische DJ-Line-Ups und noch übertriebeneren Versprechen der Stärke der Soundanlagen, gegenseitig zu übertreffen suchten. Das führte zu immer größenwahnsinnigeren und teureren Abenteuern und schlug sich auch im Eintrittspreis nieder. Acid House wurde zu einem Business. Immer öfter wurde aus dem Rave gar nichts, da entweder das Wetter nicht mitspielte, oder die Polizei schon im Vorfeld alle Partyversuche verhinderte.[24] Diese Dynamik brachte viele Raver davon ab, Veranstaltungen mit Eintritt zu besuchen, was zur Folge hatte, dass die sich parallel dazu entwickelnden Free Parties und Free Festivals einen immer größeren Zulauf bekamen.

Die politische Repression folgte mit dem „Pay Parties Act“ (1990), einem Gesetz, das aus Warehouse-Parties und Open-Air-Parties nicht mehr nur Ruhestörungen machte, sondern ein Verbrechen (vgl. Böpple/Knüfer 1996; Collin/Godfrey 1998). Die neue Dance-Kultur wurde dadurch in zwei Bereiche aufgespalten. Auf der einen Seite vergrößerte sich die Club-Kultur, die sich den gesetzlichen Auflagen in legalen Räumlichkeiten fügte, und einen Großteil der elektronischen Musikkultur dadurch unter staatliche Kontrolle brachte. Auf der anderen Seite bekam die Free-Party-Bewegung einen immer größer werdenden Zulauf und ging schließlich eine Verbindung mit einer weiteren gegenkulturellen Bewegung ein: der Free-Festival/Hippie-Punk-Traveller-Community (vgl. Hemment 1998). Diese Fusion brachte schließlich das ins Rollen, was sich später zur Free Tekno-Bewegung entwickeln sollte.

24 vgl. Christoph Fringeli: http://www.nospaceisinnocent.org./index.php?id=cf&L=0%2Findex.php%3Fmain%3D, 03.11.2009

4. Der Ursprung der Free Tekno-Bewegung ...

oder die Gegenkultur der kooperativen Free-Festival/Rave/ Hausbesetzer/Techno-Traveller-Verbindung

Neben der beschriebenen neuen Dance-Kultur gab es viele weitere Bewegungen, die sich nicht im Sinne des Staates in die englische Mehrheitsgesellschaft integrieren ließen. Um sich vorstellen zu können, wie sich das Konzept von Raves und der neuen Dance-Kultur mit der Kultur der Traveller[25] und (Ex-) Hippies und ihren Free Festivals verband, und welchen Einfluss Punks auf die weitere Entwicklung hatten, soll ein kurzer „Ausflug“ zu den ersten, englischen Free Festivals unternommen werden.

> „In the late sixties, Woodstock in America, and Glastonbury in Britain, created a tradition in rock music that has now become part of our way of life – the free festival. Free music, free space, free mind; at least that, like ‚once upon a time‘, is how the fairy story goes“.[26]

Free Festivals haben seit den 70er Jahren in England einen festen Platz in Teilen der englischen Gesellschaft. Inspiriert von Woodstock begannen Hippies, neben Festivals mit Eintritt, die damals musikalisch noch hauptsächlich von Rock geprägt waren (Isle of White...), auch Free Festivals zu veranstalten. Eines dieser

25 Traveller war die Bezeichnung für diverse Menschen aus verschiedensten Milieus, die einen nomadischen Lebensstil dem Leben in Städten unter prekären Verhältnissen vorzogen. Eine Mischung aus Hausbesetzern, Ex-Hippies, Post-Punks, Arbeitern, Beschäftigungslosen, Studenten, Obdachlosen, Mittelstandsaussteigern etc., die alle durch eine autonomere, selbstbestimmtere Vorstellung vom Leben miteinander verbunden waren.

26 http://www.spunk.org/texts/places/britain/sp001297.txt, 18.11.2009

Free Festivals fand, als konkrete Reaktion auf die immer kommerzieller werdenden Veranstaltungen, 1970 bei Glastonbury[27] statt, und sollte in den nächsten Jahrzehnten zu einem der weltweit größten Festivals für Musik und Kunst werden. Ab 1979 wurde 5 Pfund Eintritt verlangt, der sich jedes Jahr, gemeinsam mit den Besucherzahlen, erhöhte und mittlerweile 175 Pfund beträgt. Das Festival umfasst neben zeitgenössischer Musik auch verschiedenste künstlerische Aktionen, wie Theateraufführungen, Zirkusveranstaltungen oder Kabaretts.[28]

Aufgrund dieser Festivals entwickelten sich gleichzeitig immer größer werdende Hippie-Konvois, die von einem Festival zum nächsten pilgerten. Dazu stießen mit der Zeit immer mehr Post-Punks aus den Großstädten, die von Punk-Bands wie Crass angezogen wurden. Aber auch das immer prekärer werdende Leben als Hausbesetzer in den Großstädten führte dazu, dass sich viele Menschen dem autonomen, nomadischen Lebensstil anschlossen. Aus diesen unterschiedlichen Subkulturen entwickelte sich schließlich die Kultur der sogenannten New Age-Traveller, die sich durch ein Leben in Wohnwägen auszeichnete (vgl. Lowe/Shaw 1993; Shapiro 1995; Collin/Godfrey 1998).

Diese Dynamik brachte auch eine eigene Festival-Ökonomie hervor, die alle Beteiligten durch diverse Tätigkeiten (Handwerk, alternative Medizin, Herstellung und/oder Verkauf von Kleidung, Schmuck, Essen oder Drogen) und der Auffassung von Geld als Tauschmittel miteinander vernetzte:

> „It's an ad hoc economy without too much importance being placed on profit. A circulatory process. People are making money, then spending it again, and the whole thing goes round and round" (Debbie Staunton zit. nach Stone, 1996:179).

Auch ein zirkusartiges Unterhaltungsangebot[29], bestehend aus Jongleuren, Feuershows und Akrobatik wurde zu einem festen Bestandteil der ökonomischen Lebensgrundlage vieler Traveller (vgl. St John 2005; 2009).

---

27 Das Glastonbury Festival wurde regelmäßig, bis auf eine Pause von 6 Jahren, in der Nähe von Glastonbury im Süd-Westen Englands über die letzten 4 Jahrzehnte abgehalten. Mittlerweile umfasst das Festival eine Besucherzahl von ca. 180 000 Menschen. Weitere Informationen können auf folgender Hompage nachgelesen werden: http://www.glastonburyfestivals.co.uk/history/, 02.12.2009

28 vgl. http://www.glastonburyfestivals.co.uk/history/, 02.12.2009

29 Das artistische Unterhaltungsangebot wurde von vielen späteren Sound Systemen übernommen, die vor allem Feuershows und Jonglierkunst in ihre Free Parties integrierten. Viele Sound System-Namen lassen sich auch vor diesem Hintergrund besser verstehen, wie beispielsweise Circus Normal, Circus Irritant, Circus Warp, Circus Lunatic, Circus Alien…

4.1. Stonehenge Free Festivals

Inspiriert von diesen Festivals begann Phil Russell (besser bekannt als Wally Hope), ein englischer Pazifist, Anarchist, Idealist und Hippie, sich mit der Idee eines Free Festivals bei Stonehenge auseinander zusetzen. Auf einer seiner Ibiza-Reisen hatte Russell die Vision, die alte Kultstätte den Menschen zurück zugeben, die den Ort wieder für rituelle Feiern mit Musik und Tanz verwenden sollten (vgl. Stone 1996):

> „He wanted to claim back Stonehenge (a place that he regarded as sacred to the people and stolen by the government) and make it: a site for free festivals, free music, free space, free mind (...)".[30]

(Diese drei Schlagworte – „free music", „free space", „free mind" – wurden später auch zu wesentlichen Grundgedanken der Free Tekno-Bewegung.)

Russel begann gemeinsam mit Freunden das Festival vorzubereiten und lud verschiedenste Bands und andere bekannte Persönlichkeiten ein am Festival teilzunehmen. Zur Sommer Sonnenwende 1974 fanden sich ungefähr 600 Menschen ein, um das erste Stonehenge Free Festival zu feiern. Das Festival dauerte circa neun Wochen, bevor die Polizei kam, um die restlichen Hippies zu vertreiben (vgl.Stone 1996; Collin/Godfrey 1998; Rimbaud 1999). Beim Eingreifen der Gesetzeshüter gaben alle den Namen Wally an, um so die Identifikation der einzelnen Individuen unmöglich zu machen. Diese Aktion trug wesentlich dazu bei, den absurden Charakter der darauf folgenden Verhandlungen vor einem Londoner Gericht aufzudecken. Die Boulevardpresse stürzte sich begeistert auf die Geschichte, und die lächelnden Wallies mit dem Friedenszeichen wurden für kurze Zeit zu Stars (vgl. Rimbaud 1999). Nachdem das Verfahren verloren wurde, zogen die Wallies zum Windsor Free Festival weiter, das dieses Jahr bereits von zehntausenden Menschen besucht wurde, um schließlich brutal von der Exekutive abgebrochen zu werden:

> „Die Spannungen kamen voll zum Ausbruch, als die Polizei früh morgens auf das Gelände stürmte und die schlafenden Festival-BesucherInnen aus ihren Zelten zerrte. Hunderte wurden verletzt als die Polizisten auf alle schlugen, die ihnen in den Weg liefen" (Rimbaud 1999).

30 http://www.spunk.org/texts/places/britain/sp001297.txt, 18.11.2009

Bei vielen der ersten Free Festivals stand weniger die Musik, sondern mehr das gemeinsame Interesse am kommunalen Zusammenleben im Vordergrund. Das repressive Vorgehen seitens der Gesetzeshüter war ein klares Zeichen dafür, dass sich die konservative Regierung von den aufkommenden alternativen Lebensstilen bedroht fühlte. Der Zulauf von Gleichgesinnten, die alle an einem gemeinsamen, hierarchie- und gewaltfreiem Zusammenleben interessiert waren, wurde der herrschenden Regierung zu viel. Die staatlichen Vertreter setzten alles daran, diese gesellschaftlichen Gegenentwürfe zu unterbinden. Viele der Vertriebenen eröffneten ein Squat im nahegelegenen Amesbury, das zu einem Zentrum der Planung von weiteren Stonehenge-Aktivitäten wurde. Russel befreundete sich mit den späteren Bandmitgliedern der anarchistischen Punk-Band Crass, und gemeinsam begannen sie das nächste Stonehenge Free Festival zu organisieren (vgl. Rimbaud 1999; Stone 1996).

Das Leben von Phil Russel, der als Wally Hope zu einem Icon der Free-Festival-Bewegung wurde, nahm im darauffolgenden Jahr ein tragisches Ende. Auf seiner Vorbereitungstour für das nächste Stonehenge Festival wurde er von der Polizei im Amesbury-Squat mit dem Vorwand festgenommen, es werde ein Armee-Deserteur gesucht. Russel war keiner, hatte aber eine geringe Menge LSD bei sich, woraufhin er festgenommen, und auf Grund seiner Weigerung, Gefängniskleidung zu tragen, in eine psychiatrische Anstalt verlegt wurde. Dort wurde er als Schizophren diagnostiziert und erhielt hochdosierte Psychopharmaka, die ihn in kürzester Zeit von einem lebensfrohen, gesunden Menschen in einen dahinsiechenden physisch und psychisch Kranken verwandelten. Russell war nach wie vor in der Klinik eingesperrt, als 1975 das zweite Stonehenge Free Festival stattfand. Das Festival war ein voller Erfolg und Phil Russels Vision wurde Realität:

> „This year thousands of people turned up and for over two weeks the authorities were unable to stop the festivities. Wood-fires, tents and tepees, free food stalls, stages and bands, music and magic. Flags flew and kites soared. Naked children played in the woodlands (...) Everywhere there was singing and dancing (...) Old friends met new, hands touched, bodies entwined, minds expanded and, in one tiny spot on our earth, love and peace had become a reality. Just ten miles down the road, Wally Hope, the man whose vision and hard work had made that reality possible, was being pumped full of poisons in the darkness of a hospital cell".[31]

31 http://www.spunk.org/texts/places/britain/sp001297.txt, 18.11.2009

Abbildung 8: Stonehenge http://galzone.co.za/wp/?p=1537, 25.10. 2010

Phil Russel wurde zwei Wochen nach dem Festival entlassen, war geistig völlig verwirrt und litt an einer unheilbaren Bewegungsstörung, ausgelöst durch die Überdosierung der Psychopharmaka, woraufhin er sich zwei Monate später das Leben nahm (vgl. Rimbaud 1999; Collin/Godfrey 1998; Stone 1996). In den nächsten zehn Jahren wurde das Stonehenge Free Festival immer größer, und der anarchistische Traum von einem hierarchielosen, selbstbestimmten Zusammenleben wurde für ein Monat in dieser temporären, autonomen Zone realisiert:

> „Stonehenge was about freedom. The freedom to actually blossom the way you wanted to blossom, to do what you wanted to do as long as it didn't hurt anybody else" (Lowe/Shaw 1993:138).

Die Festivals fanden größtenteils in einer friedvollen Atmosphäre statt. Als die anarchistische Punkband Crass (Phil Russels Freunde) 1982 am Festival auftrat, zog ihre Präsenz zahlreiche Punks an, für die die Free Festival-Szene etwas Neues darstellte. Stonehenge passte in seiner anarchistischen Eigenständigkeit gut zum Selbstverständnis des Punk. Leider fühlten sich viele Biker, die zu der Zeit einen großen Anteil der Festivalbesucher stellten, von den Punks bedroht und gingen gewaltsam auf sie los (vgl. Collin/Godfrey 1998).

Einen traurigen Höhepunkt der gewalttätigen Vorgehensweisen seitens der Polizei und das Ende der Stonehenge Free Festivals markierten 1985 die Geschehnisse im „Battle of the Beanfield"(vgl. Lowe/Shaw 1993; Stone 1996; Collin/Godfrey 1998).

4.2. „The Battle of the Beanfield"

> „Looking back, you can see why they did it. At that stage the whole lawless anarchy of the Stonehenge thing was really alarming a lot of people. It was getting bigger all the time, attracting more and more people, and Thatcher was a pretty draconian person. They felt they just couldn't have people behaving like that" (Lowe/Shaw 1993:75).

Ende der 70er und Anfang der 80er Jahre stieg die Zahl der Menschen, die sich für ein nomadisches Leben in Wohnwagen und Bussen entschieden hatten, drastisch an. Viele wählten diese alternative Lebensweise, um dem Stadtleben und dem in unserer Gesellschaft vorherrschenden Materialismus und Konsumzwang zu entkommen. Wie bereits erwähnt entschieden sich viele Menschen für diese Alternative auch aus einer existentiellen Not heraus, die Anfang der 80er Jahre in England herrschte. Die Auffassung von einem Leben auf Selbstversorgerbasis auf dem Land fand immer mehr Zuspruch in verschiedenen Teilen der Gesellschaft (vgl. Lowe/Shaw 1993; Stone 1996; Collin/Godfrey 1998).

1982 wurde eine Gruppe von Travellern unter dem Namen Peace Convoi bekannt, als sie nach dem Stonehenge Festival zu einem Widerstandscamp gegen die Stationierung nuklearer Sprengköpfe fuhr. Die Abrüstungsbewegung Campaign For Nuclear Disarmament (CND) wurde wiederbelebt und die mögliche Verbindung der nomadischen Traveller mit den politischen Aktivisten versetzte Teile der Regierung in einen Alarmzustand. In der nomadischen Lebensweise dieser Menschen wurde eine Bedrohung für das englische Gesellschaftssystem ausgemacht, das auf Werte wie Eigentum und Landbesitz aufbaute. 1984 zählte das Stonehenge Free Festival bereits an die 60000 Besucher und stellte den Höhepunkt im Jahreskalender der Traveller-Bewegung dar (vgl. Stone 1996; Collin/Godfrey 1998).

Als sich am 1. Juni 1985 der Peace Convoy, eine friedliche Kolonne von c.a. 150 Bussen, Wohnwägen und Autos auf den Weg zum Festival aufmachte, war es bereits beschlossene Sache der Regierung, dass das diesjährige Festival unter allen Umständen verhindert werden sollte. Die Straße auf der sich die Autokolonne bewegte, wurde auf der einen Seite von Lastkraftwägen abgeriegelt, die Tonnen von Schotter auf die Fahrbahn leerten. Der Konvoi wurde auf eine enge Landstraße umgeleitet, die ebenfalls blockiert war. Die Festivalbesucher saßen in der Falle. Der stellvertretende Polizeipräsident der Grafschaft Wiltshire befahl seiner Truppe, den Konvoi anzugreifen. Als die voll ausgerüsteten Polizisten die ersten Busse attackierten und Windschutzscheiben einschlugen, begannen die hinteren Fahrzeuge durch eine Hecke auf ein angrenzendes Feld auszuweichen. Für ein paar Stunden stellte sich eine Pattsituation ein und niemand konnte das Feld verlassen. Immer mehr Polizisten rückten an, und als die Zahl groß genug war, stürmten sie auf das Feld und begannen die Busse zu attackieren, Scheiben einzuschlagen und die Insassen herauszuzerren. Daraufhin fuhren die meisten Busse aufs nächste Feld, ins Bohnenfeld, weiter. Es begann ein verrücktes Wettrennen. Menschen versuchten mit ihren Fahrzeugen vor den schwer bewaffneten Polizeihorden zu fliehen, wurden gestoppt, zusammengeschlagen und festgenommen. Ein Beteiligter beschrieb die erlebte Situation folgendermaßen:

> „(...) we're driving round with this mad mixture of adrenalin and fear, being too scared to keep driving round and too scared to stop" (Lowe/Shaw, 1993:71).

Die Polizei erhielt Unterstützung von einigen Hubschraubern, die aus der Luft Anweisungen erteilten. Sie versuchten die Busse mit allen Mitteln aufzuhalten. Leute schrien, Autoscheiben zersplitterten, Wohnwägen brannten und überall konnte man extreme Polizeigewalt[32] mitverfolgen. Ein Reporter des unabhängigen Fernsehsenders ITN brachte seine Eindrücke auf den Punkt:

> „What we – the ITN camera crew and myself as a reporter – have seen in the last 30 minutes here in this field has been some of the most brutal police treatment of people that I've witnessed in my entire career as a journalist. The number of people who have been hit by policemen, who have been clubbed whilst holding babies in their arms in coaches around this field, is yet to be counted...There must surely be an enquiry after what has happened today" (Stone 1996:159).

32 Das brutale Agieren der Polizei war eine Fortführung der Polizeieinsätze gegen die 1984 stattfindenden Kohleminen-Streiks, die in ganz England für bessere Arbeitsbedingungen organisiert wurden (vgl. http://www.indymedia.org.uk/en/2005/04/308800.html, 20.11.2009).

Abbildung 9, 10, 11: zerstörter Bus, Polizei, eingeschlagene Windschutzscheibe. http://libcom.org/history/1985-battle-beanfield Copyright Andy Worthington, http://killyourpetpuppy.co.uk/news/?m=201006, 13.09. 2010

Die schockierendsten Szenen, die der unabhängige Fernsehsender ITN aufgezeichnet hatte, verschwanden aus dem Archiv und kamen nie an die Öffentlichkeit. Die BBC brachte einen Beitrag, der von der Polizei selbst aufgezeichnet wurde. Insgesamt wurden 420 Personen verhaftet und 240 Personen wegen gesetzeswiedriger öffentlicher Versammlung angeklagt. Die gesamte „Operation Solstice" kostete dem Staat an die 5 Millionen Pfund (vgl. Lowe/Shaw 1993; Stone 1996; Collin/Godfrey 1998). Die Traveller wurden vom damaligen Innenminister als „eine Bande mittelalterlicher Straßenräuber, die keinen Respekt vor dem Gesetz oder den Rechten ihrer Mitmenschen haben" bezeichnet und Margaret Thatcher, die einstmalige Premierministerin war nur zu gern bereit, alles in Bewegung zu setzen, um das Leben für Phänomene wie diese Hippie-Konvois so hart wie möglich zu machen (Collin/Godfrey 1998:207).

Der erste Versuch der Regierung, ein Nomadenleben unmöglich zu machen, erfolgte 1986 mit dem Public Order Act, einem von vielen Gesetzen, die noch folgen sollten. Das eigentliche Ziel der Regierung, die Traveller- und die Free Festival-Bewegung zu zerschlagen, wurde nicht erreicht. Stattdessen entwickelte sich daraus eine politisch motivierte Widerstandbewegung die unter anderem ihren Ausdruck in der Free-Party-Bewegung und der Straßen-Protest-Bewegung fand und immer mehr Zustrom von Hausbesetzern aus der Post-Punk-Ära erfuhr. Die Mitglieder der Band Crass, die Phil Russel bei der Organisierung der ersten Stonehenge Festivals geholfen hatten, waren maßgeblich daran beteiligt, dass viele Post-Punks die Auffassung von Punk wirklich zu ihrer Art zu leben machten:

> „Crass brachten die Punks dazu, sich einigen Idealen der Sechziger zuzuwenden und langsam in die Hippieszene hineinzuwachsen" (Collin/Godfrey 1998).

Abbildung 12: „Crustie-Punk". http://tash.gn.apc.org/mutoid1htm, 07.10.2009

Diese Vereinigung der Punks mit den umherreisenden Hippies und Festivalbesuchern, brachte eine neue Form von Punk hervor, den Rainbow-Punk, dem eine Fusion des Hippie-Idealismus mit der politischen Initiative des Punk zugrunde lag. Eine nomadische Lebensweise übernehmend, stellten sie einen weiteren Teil der New-Age-Traveller-Gemeinde dar. Diese Fusion brachte auch ein eigenes Outfit hervor, das als „Crustie“ bezeichnet wurde. Das Erscheinungsbild war häufig durch schwarze Nahkampfanzüge oder Armyhosen, und einer Mischung aus punkigem Irokesenschnitt und dem „crustie“ Rasta-Look (Dreadlocks) gekennzeichnet (vgl. Lowe/Shaw 1993; Shapiro 1995; Stone 1996; Collin/Godfrey 1998). Dieser Stil wirkte sich stark auf die später aufkommende Free Tekno-Bewegung aus und Elemente davon beeinflussen heute noch den Kleidungsstil vieler Beteiligter (vgl. Kap.5.4.2.).

4.3. Die ersten Soundsysteme

Bis in die späten 80er Jahre waren die Festivals musikalisch überwiegend von Rockmusik geprägt, die von einzelnen Musikern oder Bands performed wurde. Die ersten bedeutsamen Berührungen zwischen der Rave-Szene, ihrer elektronischen Musik und der Free Festival Gemeinde fanden 1989 am Festival in Glastonbury statt. Seit der Schlacht im Bohnenfeld wurde das zunehmend kommerzieller werdende Glastonbury Festival zu einem immer wichtigeren Anlaufpunkt für Traveller, um ihre Waren anbieten und feiern zu können. In diesem Jahr bauten auch die ersten Sound Systeme ihre Boxentürme auf dem Gelände auf und zogen ein heterogenes Publikum von Punks, Travellern, Ravern und Skinheads an. Darunter fanden sich das Sound System Do it Yourself aus Nottingham, sowie das Sound Kollektiv Tonka aus Cambridge. Tonka hatten schon diverse Free-Raves und Hip-Hop-Jams in den Londoner Acid Clubs miterlebt und veranstalteten selbst Parties in einem großen Squat in London, wo sie ihre Version von Disco und Acid House beisteuerten. Tonka wird nachgesagt, das erste Sound System gewesen zu sein, dass das Konzept von Nonstop-Parties in die Glastonbury Festival-Szene integrierte (vgl. Collin/Godfrey 1998; Rietveld 1998; St John 2009).

Das Konzept von mobilen Sound-Systemen wurde dabei einer jamaikanischen Tradition abgeschaut, die sich in den 50er Jahren in Kingston entwickelte. Jamaikanische „Sound Men“ experimentierten mit Kassettenrekordern und Verstärkern herum, um daraus Sound Systeme zu basteln. Die auf LKWs gepackten Turntables, Boxen und Generatoren schufen einen mobilen Raum für

Abbildung 13: DJ Hype Niel. „African Vibez e Lazeme". Sound system at Long Bay, Negril, Jamaica. http://flickr.com/photos/10846735@N06/3251415411, 14.10. 2010

Musik, Tanz, kulturellen Ausdruck und Kreativität – die Dancehall[33] – die zum Zentrum der Lebenswelt vieler junger Jamaikaner aus den Ghettos wurde. Das Sound System wurde zu einem identitätsstiftenden Merkmal, und durch den MC[34] zu einem Medium, das neben Musik auch lokale Anliegen verbreitete (vgl. Hebdige 1996; St John 2005). Darüber hinaus stellten Sound Systeme auch eine relevante Einkommensquelle für die Sicherung des Lebensunterhalts dar, indem minimaler Eintritt verlangt, und Alkohol und Essen verkauft wurde. Als Jamaikaner in den 60er Jahren nach England migrierten, brachten sie ihr Konzept der mobilen Sound Systeme mit, das von vielen verschiedenen Musikschaffenden übernommen wurde. In diesem Zusammenhang entwickelten sich die ersten

33 Dancehall bezeichnet neben dem kreativen Raum auch eine bestimmte Musikrichtung, die sich Ende der 70er Jahre aus Reggae entwickelte (vgl. Habekost, 1996).

34 MC steht für Master of Ceremony, und bezeichnet eine Person, die durch schnelles rappen einen weiteren Rhythmus zur Musik des Djs beisteuert.

„Techno“-Sound-Systeme zu kooperativen Musikinitiativen, die auf einer kollektiven, egalitären Do-it-Yourself-Logik gründeten (vgl. St John 2005).
Neben den ersten Kontakten zwischen Anhängern der neuen elektronischen Musik und Travellern, Punks und Hippies auf den Festivals kam es 1989 auch in London zu den ersten Vermischungen von Spät-Hippies, punkigen Crusties, Studenten und Partywilligen aus der Arbeiterschicht, die gemeinsam Warehouse-Parties feierten. Organisiert wurden diese Parties unter anderem von der legendären Mutoid Waste Company, einer Gruppe, die sich darauf spezialisiert hatte, leerstehende Lagerhallen zu besetzen, sie mit ausgefallenen Altmetallkunstwerken zu dekorieren und riesige Parties zu veranstalten (vgl. St John 2005).

4.3.1. Mutoid Waste Company

1984 lernte der squatterfahrene Punk Joe Rush, der später mit dem legendären Peace Convoi nach Stonehenge travellte, den außergewöhnlichen Mechaniker Robin Cook kennen und gemeinsam gründeten sie die Mutoid Waste Company. Aus ausrangiertem Metall stellten sie ausgefallene, künstlerische Skulpturen her und beeindruckten schnell eine kleine Gruppe von Gleichgesinnten und die Company entwickelte sich rasch zu einer anarchistischen Künstlerkommune. Das Wort Mutation stand im Zentrum des künstlerischen Ausdrucks und wurde als etwas Transformiertes aufgefasst, dass durch Zusammenfügen von unterschiedlichen Altmetallteilen zu einem neuen Ausdruck mutierte. „Mutate and survive“ war ihr handlungsleitender Slogan (vgl. St John 2005).

Gemeinsam besetzte die Gruppe leerstehende Fabrikshallen, die zu Lebens- und Ausstellungsorten umfunktioniert wurden. Es dauerte nicht lange und die dekorierten Lagerhallen wurden zur Kulisse für Free Parties. Inspiriert durch die Vision, ihre Kunst auf travellnde Weise zu verbreiten, besuchte die Company verschiedene Festivals, wie beispielsweise Glastonbury, wo sie mit ihrer Stonehenge Installation beeindruckte.

Ihre Lebensweise motivierte unzählige Menschen, die eigenen Visionen alternativer Lebensformen zu verwirklichen. Die Mutoid Waste Company „mutierte“ in diesem Zusammenhang zu einem erstrebenswerten Vorbild. Diese „andere“ Art zu leben war aber gerade der konservativen Thatcher-Regierung ein Dorn im Auge, die mit weiteren repressiven Maßnahmen dagegen vorzugehen versuchte. Diese Umstände, und auch der Wunsch, die Message von „mutate or die“ in die Welt zu tragen, bewog die Mutoit Waste Company, sich auf einen Massenexodus nach Europa vorzubereiten. Mit

Trucks machte sich das Kollektiv in Richtung Festland auf, um die nächsten zehn Jahre auf reisende Weise zu verbringen (vgl. St John 2005).

Abbildung 14: Stonehenge Installation. http://tash.gn.apc.org/gal_mutoid1.htm, 21.09.2009

Nach vielen Zwischenstopps, unter anderem in Amsterdam und Paris, verbrachte die Crew 1989 eine Zeit am Görlitzer Bahnhof in Berlin-Kreuzberg. Dort schenkten sie Ost-Berlin ihren legendären „Peacebird", den sie gemeinsam mit dem „Käfer-Mann" auf Schienen befestigt, auf die damals noch bestehende Mauer zufliegen ließen, um der damaligen DDR ein Friedenszeichen zu bringen. Ein Teil der Company travellte 1991 weiter nach Nord-Italien. Im Gegensatz zu England, wurden sie in Italien nicht nur akzeptiert, sondern erhielten von lokalen Politikern auch einen verlassenen Steinbruch als Aufenthaltsort, der zu ihrer italienischen Homebase wurde.

1993 befreite die Mutoid Waste Company zwei MIG-21 Kampfjets und einige Tanks aus den russischen Armeebeständen im Ödland von Berlin und brachten sie ins Tacheles[35], einem autonom verwalteten Kulturzentrum in Berlin Mitte. Zusammen mit Spiral Tribe veranstalteten sie eine spektakuläre Tekno-Performance. Anschließend beförderten beide Kollektive die MIG Jets in die tschechische Republik, und organisierten 1994 das erste Teknival in Tschechien (dazu folgt im Kapitel 4.6. mehr).

35 Das Tacheles ist ein selbstverwaltetes Kunst- und Veranstaltungszentrum in Berlin Mitte. Das Gebäude sollte eigentlich 1990 weggesprengt werden, woraufhin die Künstlerinitiative Tacheles das Gebäude besetzte und einen Mietvertrag bis 2008 aushandeln konnte. Über die Jahre wurde der Ort für vielseitige künstlerische und musikalische Veranstaltungen genutzt. Mittlerweile kämpft der Verein für sein unabhängiges Fortbestehen und gegen eine drohende Privatisierung des Gebäudes. (vgl. http://super.tacheles.de/cms/, 01.02.2010)

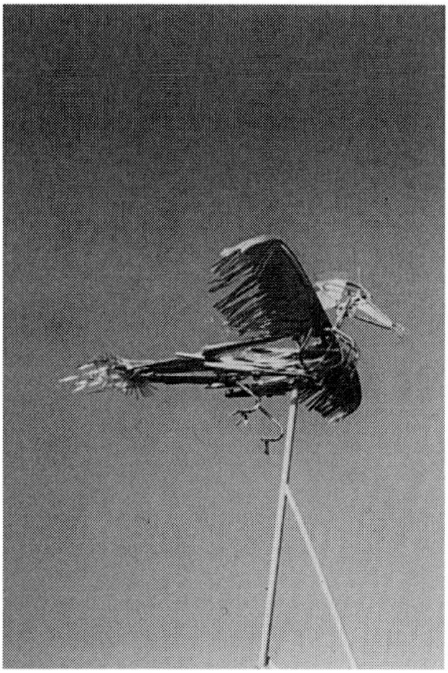

Abbildung 15: „Peacebird".http://www.tip-berlin.de/community/profile/bernd-sauer/blog/mutoid-waste-company-im-sommer-1989-wetsberlin, 20.10.2009

Abbildung 16: „Käfermann". http://www.tip-berlin.de/community/profile/bernd-sauer/blog/mutoid-waste-company-im-sommer-1989-wetsberlin, 20.10.2009

Die Mutoid Waste Company reiste quer durch Europa, um auf dem Weg massive Outdoor Parties, Spektakel und Events zu veranstalten. Es blieb nicht bei Europa. Einzelne Mitglieder verbreiteten die Free-Party-Kunst-Gegenkultur in Australien, Kambotscha oder Japan. Diese Aktionen machten das Kollektiv zu einem der extravagantesten Kunstbewegungen des letzten Jahrhunderts und den Free-Party-Spirit zu einem internationalen Phänomen.[36]

4.3.2. DiY

Neben der Mutoid Waste Company begann sich 1990 eine Koalition aus Travellern und Ravern am Glastonbury Festival zu formieren, die zu Beginn durch

36 vgl.http://oldes.multimedia.cz/huhuman/h-secret.htm, 20.10.2009; http://blogs.myspace.com/index.cfmfuseaction=blog.view&friendId=211928183&blogId=456564860, 20.10.2009.

das gemeinsame Interesse, so lange wie möglich Party zu feiern, verbunden waren:

> „Die Traveller verfügten über den Platz und das Know-how, was die Organisation von Großereignissen betraf, die Tage und nicht nur Stunden dauerten; die Raver hatten die elektronischen Sounds und diese verführerische neue synthetische Droge, Ecstasy“ (Collin/Godfrey 1998:215).

Bei dieser Zusammenführung von Ravern und Travellern spielte das Do it Yourself Sound System aus Nottingham eine entscheidende Rolle. Das Sound System bestand aus einer Gruppe von DJs, die aus den Postpunk- und Hip-Hop-Kreisen in Nottingham stammten. Am Anfang reisten sie von einem Open-Air-Rave zum nächsten, bis sie mit der Zeit immer frustrierter wurden, 18 Pfund Eintritt für eine Party zu zahlen, die oft gar nicht stattfand. Desillusioniert vom reinen Hedonismus und der inhaltlichen Leere, die auf vielen Raves herrschte, beschlossen sie, die Sache selbst in die Hand zu nehmen und verwendeten ihre Vorgehensweise als Namen für ihr Sound System.

1990 schloss sich Do it Yourself in Glastonbury mit einer Gruppe Travellern zusammen und sie begannen gemeinsam Free Parties zu veranstalten, wobei die Ansicht der Traveller, Parties umsonst und für alle zugänglich zu machen, übernommen wurde. Als 1990 eine DiY-Party von der Polizei gestoppt wurde, konnte diese nicht glauben, dass der Rave gratis war und die Organisatoren mit leeren Händen dastanden. Die Beamten, gewöhnt an Veranstaltungen à la Colston-Hayter, der viel Geld mit seinen Rave-Spektakeln verdiente, konnten nicht verstehen, warum sich Menschen so einen Aufwand unentgeltlich antaten. Der gewählte Name für das Sound System, Do it Yourself, bezog sich nicht nur auf ihre Punk-Wurzeln, sondern auch auf Ideale, die sie in der Rave-Szene zu finden hofften (vgl. Collin/Godfrey 1998).

DiY schloß sich später mit Smoke-screen und Breeze zusammen, um weitere, kleinere Sound Systeme zu unterstützen (Pulse, Babble, Floatation, Rogue, Go-Tropo, Spoof) und gemeinsam bildeten sie die Allianz „All Systems“, als Reaktion auf die immer restriktiveren Gesetze der Regierung gegen Free Parties und Raves. Dieses größere Kollektiv betrieb ein gemeinsames Sound System, das den Namen Kamikaze erhielt, um anfallende Kosten, wie Equipementbeschlagnahmung durch die Polizei, kollektiv zu bestreiten und sich gegenseitig zu unterstützen.[37]

37 vgl. Rietveld 1998; Reynolds 1999; http://tash.gn.apc.org/allsystm.htm, 02.12.2009

4.4. „Make some fucking noise!“ – Spiral Tribe

DiY waren nicht die einzigen, die enttäuscht von den illegalen Open-Air-Raves waren und ihr eigenes Projekt umsetzten. Geprägt von den Acid-House-Clubnächten im Hacienda, den Stonehenge Free Festivals, dem Tonka Sound System in Glastonbury und den großen illegalen Raves der späten 80er Jahre begann der junge Graphiker Mark Harrison, gemeinsam mit seinem Bruder Alexander und den Freundinnen Debbie und Simone Geld zusammenzukratzen, um sich ein eigenes Sound-Equipement zuzulegen.

> „Wir spielten mit der Idee von Free Parties. Es schien eine ganz einleuchtende Sache; denn diese großen kommerziellen Raves hatten ihren Zauber verloren“ (Mark Harrison zit. nach Collin/Godfrey 1998:219).

Darüber hinaus war ihnen aufgrund ihrer eigenen Erfahrungen als Hausbesetzer das Recht auf autonomen Raum, wo Menschen zusammen kommen können, um sich ohne Zwänge aus zutauschen, ein Anliegen:

> „(...) it is important to have these social centres where people can come and meet and exchange ideas“ (Harrison, 23 Minute Warning, 2004).

Ihre erste Free Party fand 1990 in einem besetzten Schulgebäude im nördlichen Teil Londons statt und nannte sich „Detension“. Die schwarzen Wände waren mit Mark Harrisons leuchtfarbenen Kunstwerken dekoriert, die eine Mischung aus Op-art[38], heidnischen Symbolen und Hieroglyphen beinhalteten (vgl. Collin/Godfrey 1998; St John 2009). Der künstlerische Stil der Op-art hatte einen starken Einfluss auf die visuellen Ausdrucksformen der späteren Free Tekno-Bewegung und findet sich heute nach wie vor in der graphischen Ausdrucksweise von Free Tekno wider.

In mehreren Klassenräumen wurden verschiedene Stile elektronischer Musik aufgelegt, wobei eine härtere Gangart von Techno dominierte. Der Turnsaal, verziert mit Camouflage-Tarnnetzen, diente als Chill-Out-Zone (Ruhe-Raum). Die gesamte Atmosphäre, die allgemeine kommunikative, ge-

---

38 Die Abkürzung Op-art steht für Optical Art und bezeichnet ein Kunst-Genre, das sich optischer Täuschungen bedient, um so abstrakte, optische Illusionen in schwarz/weiß zu kreieren, die dem Betrachter das Gefühl eines bewegten Bildes vermitteln (vgl.http://en.wikipedia.org/wiki/Op-Art, 02.12.2009).

Abbildung 17: Party-Flyer der ersten Spiral Tribe Party. http://www.spiral-tribe.org/understand/page02.html, 17.12.2009

Abbildung 18: Beispiel für Op-art. http://www.eskimo.com/~recall/bleed/0428.htm, 02.12.2009

meinschaftliche Umgangsweise und die Tatsache, dass es sich um eine Free Party handelte, faszinierte die meisten Beteiligten. Davon beeindruckt war auch Debby Staunton, die sich sofort zugehörig fühlte und sich dem kleinen Party-Kollektiv anschloss:

> „It was the first time I felt I belonged. It was more than a party. It was a recipe for the future. From that moment, I was hooked" (Staunton zit. nach Stone 1996:177).

Als Harrison auf der Straße ein fossiles Ammonshorn fand, stand damit auch der Name für ihr neues Sound System fest: Spiral Tribe. Beeindruckt von der Symbolik und Form des gefundenen Objekts, lieferte die Spirale Harrison eine der Grundlagen für ihre Spiral Tribe-Philosophie: „The Spiral – Humankind's earliest Symbol and Spiral Tribes' Source of Inspiration."[39] (vgl. Collin/Godfrey 1998). Durch die Verwendung der Spirale als Logo wurde sie zu einem Symbol für Free Tekno und wird heute nach wie vor von vielen Beteiligten damit assoziiert.

Nach diversen Warehouse- und Open-Air Parties in London, verabschiedete sich das Sound Kollektiv von ihrer Hausbesetzer-Szene, packte die Viereinhalb-Kilowatt-Anlage auf einen Transporter und machte sich auf den Weg zum Stonehenge People's Free Festival. (Das Stonehenge Festival behielt seinen Namen, wurde aber seit 1985 nicht mehr bei den Steinen abgehalten, sondern fand zur Sommersonnenwende 1991 in Longstock statt.) Dorthin kam Spiral Tribe zur richtigen Zeit, denn in diesem Jahr waren es bereits eine Vielzahl verschiedenster Festival Besucher, die sich auf den neuen Sound mit seinen Systemen freuten und Teile der Rave-Szene verbanden sich mehr und mehr mit der Traveller- und Festival-Gemeinde (vgl. Shapiro 1995; Collin/Godfrey 1998).

Das homogene Auftreten von Spiral Tribe – sie rasierten sich alle die Köpfe und trugen schwarze Kleidung – hob sie von vielen Festivalbesuchern ab und strahlte eine Einheit aus, von der sich viele angezogen fühlten. Obwohl sie den Eindruck vermittelten, keine Publicity zu suchen, hatte das Sound System gute Vermarktungsstrategien, die in ihrem uniformen Erscheinungsbild und dem Gebrauch von Symbolen zum Ausdruck kam (vgl. Collin/Godfrey 1998; World Traveller Adventures 2004). Auch ihre Musik zeichnete sich, im Vergleich zu vielen anderen Sound Systemen, durch eine schnellere und härtere Gangart

39 vgl. http://www.spiral-tribe.org/understand/page01.html, 06.12.2009

von Techno aus. Harrison verglich die Musik mit den Rhythmen traditioneller Kulturen und sah:

> „Techno als verbindenden, kreativen Kanal zwischen den fließenden Energien vergangener Kulturen und dem Underground der Gegenwart“ (Spiral Tribe in: Sterneck, 1999:153).

Neben ihrem Effekt, den Spiral Tribe auf viele Festival-Besucher ausübte, hatte auch das Festival einen starken Einfluss auf das Sound System:

> „I was a sceptical soul up until that point, but something happened to me there that's never happened before. The pennies dropped. I haven't felt energy like it. We were totally enchanted by the whole thing. As a sound system we walked out the front door and we haven't come back yet“ (Harrison zit.nach Lowe/ Shaw 1993:167).

Die Begeisterung für die neue elektronische Musik und vorallem der Anspruch, so lange, wie möglich Musik zu spielen, wurde nicht von allen Festivalbesuchern begrüßt. Vielen Travellern war der neue Sound, und besonders die Lautstärke und die durchgehende Beschallung mit der Zeit zu viel. Doch Spiral Tribe gingen in diesem Punkt keine Kompromisse ein und ließen die Anlage an, ohne Rücksicht und so lange es möglich war. Auch die mediale Aufmerksamkeit, die die Sound Systeme auf den Festivals auf sich zogen, hatte in erster Linie unangenehme Konsequenzen für die Traveller und weniger für die Raver:

> „For them (Raver) it's a night's anarchy then you go home; for the travellers they have to live there and suffer the consequences“ (Jeremy zit. nach Lowe/ Shaw 1993:164).

Als das Festival zu Ende war, waren die Mitglieder von Spiral Tribe von ihrer neuen Mission erfüllt, 24 Stunden, sieben Tage die Woche den Rhythmus zu leben, und reisten von einem Festival zum nächsten. Auf ihrer Tour quer durch den Süd-Westen Englands, steckten sie immer mehr Party-Besucher mit ihrer Einstellung – „nicht wir sind Spiral Tribe, ihr alle seid Spiral Tribe“ – an und ihr Tribe wuchs immer weiter. DJ Aztek, der in Camelford zu dem Sound Kollektiv stieß, sah in der Spiral-Tribe-Euphorie eine Neuauflage der Acid-House-Szene von 1988/89 (vgl. Collin/Godfrey 1998). Spiral Tribe wurde von seinen Mitgliedern als ein Konzept aufgefasst, das jeden mit jedem verband, der sich davon angesprochen fühlte und Free Parties als eine Weigerung, einer rein auf Profit ausgerichteten Logik zu folgen. Ihre Vorstellung ging davon aus, dass sich alle Besucher einer Party als Teil davon verstehen sollten (vgl. Lowe/Shaw 1993). Die Beteiligten sollten nicht nur des Feierns wegen kommen, sondern sich selbst aktiv einbringen, selbst Verantwortung übernehmen und Sachen in Bewegung setzen:

> „Unsere Events wachsen durch Leute, die ihre eigene Realität kreieren. Du lebst auf den Parties in einer speziellen Spiral-Zeit, in einer Spiral-Realität, du lebst im Moment. Die Spirale ist wie DNA oder wie ein Virus. Sie ist endlos. Alle die kommen werden ein Teil davon, sie kreieren, bestimmen die Atmosphäre. Das ist der Vibe unserer Parties" (Spiral Tribe, in: Sterneck 1999:153).

Spiral Tribe verglichen ihre Free Parties auch mit schamanischen Ritualen, die die natur-entfremdete Stadtjugend mit Hilfe von elektronischen Rhythmen, intensivem Tanzen und bewußtseinserweiternder Drogen wieder mit der Natur verbinden sollten. Ihre Message drückte sich in dem Anspruch: „we are here to re-connect the earth" aus.[40]

Nach zahlreich veranstalteten Free Parties, die meist über das gesamte Wochenende 24 Stunden non stop dauerten und deren Besucherzahl immer größer wurde, erreichte Spiral Tribe im August 1991 das White Goddess Festival bei Camelford. Die Besucher, gewöhnt an Rockmusik und Bands, reagierten zuerst fassungslos auf den neuen, elektronischen Sound. Es dauerte jedoch nicht lange, bis der Funke übersprang und rund um Spiral Tribes Rig[41] unzählige Menschen tanzten. Das System lief 14 Tage und Nächte durch und das Zusammengehörigkeitsgefühl unter den Mitgliedern wurde immer stärker. Die unausgesprochene Regel und Initiation, um sich zum System zählen zu dürfen, war der Anspruch, diese Art zu leben 24 Stunden nonstop zu praktizieren.

Über den gesamten Sommer 1991 veranstaltete das Kollektiv Wochenende für Wochenende Free Parties in ganz England, wo ihre Ideen und ihr Enthusiasmus von unzähligen Leuten aufgegriffen und weiterverbreitet wurden:

---

40 vgl.http://www.spiral-tribe.org/understand/, 14.12.2009

41 Das Wort „Rig" kommt aus der englischen Sprache und bezeichnet in diesem Zusammenhang das konkrete Sound System, also Boxentürme, Turntables etc., und wird auch im deutschen Sprachgebrauch verwendet.

Abbildung 19: Camelford 1991 – 2 Weeks Non-Stop. http://www.spiral-tribe.org/understand/page07.html 17.12. 2009

„We are all part of one big familiy, one tribe, the human race. We are part of life and a way of life. It is called living by the „House Teknic". (...) We think of our selves as communicators. With music, visuals and lights we create our own vibe, our own environment, our own reality and our own future. The vision is there for all to share."[42]

4.4.1. Spiral Tribe's Weltbild

Den Winter über verbrachten Spiral Tribe in einem Squat in London, wo sie neben der Organisation von Free Parties ihre Grundsätze und Sichtweisen weiter ausformulierten. Das daraus entstandene „Manifest" diente der später aufkommenden Free Tekno Bewegung häufig als Grundlage und besitzt für viele Beteiligte nach wie vor Gültigkeit (vgl. Collin/Godfrey 1998).

Drogen, Tanz und repetitive Rhythmen

42 http://www.spiral-tribe.org/understand/page08.html, 14.06.2009

Spiral Tribe knüpften an die Kombination von elektronischen Sounds mit stundenlangem Tanzen und der Einnahme von psychoaktiven Substanzen an und nahmen ihre Free Parties auch als schamanische Rituale wahr. Eine wichtige Funktion erhielten in diesem Zusammenhang psychoaktive Substanzen wie LSD, Psylocybin oder Ketamin. Im Gegensatz zu Ecstasy, das vorwiegend glückliche und euphorische Zustände bei seinen Konsumenten hervorrief, hatte vorallem LSD und Psylocybin das Potential, tiefere, bewusstseinsverändernde Zustände auszulösen, wodurch die Erlangung weitreichenderer Erkenntnisse möglich war (vgl. Grof 1983; Hofmann 2007). Genau diese Wirkung sagte vielen Mitgliedern von Spiral Tribe zu. MDMA hatte ihrer Ansicht nach kein wirkliches, revolutionäres Potential; es war mehr eine Substanz, deren Lektionen schnell zu lernen waren, und die auf Dauer angepasste und glückliche, aber gezähmte Menschen produzierte. Die Eigenschaften psychoaktiver Substanzen hingegen reichten ihrer Meinung nach darüber hinaus und konnten den Konsumenten tiefgreifende Zustände gewähren, die ihr Bewußtsein für essentielle Einsichten öffnete:

> „LSD und Magic Mushrooms haben einen weitaus kreativeren Einfluß – nicht nur auf Raves, sondern auf das ganze Leben, auf das Verständnis der eigenen Persönlichkeit und der ganzen Welt“ (Spiral Tribe zit.nach Collin/Godfrey 1998:225).

Stark geprägt wurden Spiral Tribe auch von den psychedelisch beeiflussten Evolution-Vortragsreihen von Fraser Clark, einem Alt-Hippie und Herausgeber des Magazins Evolution. Clark ging schon Ende der 80er Jahre daran, die Hippie-Ethik mit der Acid-House-Euphorie zu verbinden. 1992 lud Clark einige wichtige Repräsentanten der amerikanischen Gegenkultur nach London ein: Robert Anton Wilson, den Autor des Verschwörerromans „Illuminatus!“, Alexander Shulgin, Chemiker und Produzent verschiedener bewusstseinsverändernder Drogen, sowie den Ethno-Botaniker Terence McKenna. McKenna vertrat die These, dass sich Pflanzen und Menschen seit jeher symbiotisch entwickelt hätten, und speziell psychoaktive Pflanzen eine Schlüsselfunktion bei der Entwicklung des menschlichen Bewusstseins einnahmen. Eine Wiedereinführung des Gebrauchs dieser Pflanzen, in Form schamanischer Rituale, in unsere Gesellschaft, könnte, McKenna zufolge, einen evolutionären Sprung auf eine höhere Bewusstseinsebene erleichtern. Dies wäre die Voraussetzung, um die ökologisch katastrophalen Entwicklungen auf der Welt zu stoppen. McKennas Einsatz für psychoaktive Substanzen als Ausweg, auch aus dem Ecstasy- dominierten Drogenkonsum der Rave-Generation, deckte sich mit der

Sichtweise von Spiral Tribe und sie übernahmen seine Auffassung der Dance-Kultur als schamanisches Ritual (vgl. McKenna 1991; Collin/Godfrey 1998).

Neben den psychoaktiven Substanzen spielte vorallem die Musik und das Tanzen dazu eine ausschlaggebende Rolle in Spiral Tribe's Weltsicht. Auch hier hatten Frazer Clarks Ansichten einen großen Effekt auf das Sound System.

> „Die Rave-Szene ist der erste Schritt zum Erwachen; du tanzt stundenlang zu schamanischen Rhythmen. Das reinigt den Kopf von jeder Konditionierung und öffnet den Geist. Dann mußt du ihn mit einer anderen Philosophie neu programmieren" (Clark zit.nach Collin/Godfrey 1998:211).

Für Clark war die Acid-House-Szene eine Fortsetzung alter schamanischer Tanzdrogenrituale. Ähnlich wie bei alten Tanzkulten, die auf der ganzen Welt zu finden waren, sollte der gezielte Gebrauch von Rhythmus und Bewegung zu veränderten Bewusstseinszuständen führen und Trancezustände auslösen. Extatische Tanzkulte beabsichtigten, durch rhythmische Bewegung, die innere Zerrissenheit und Spaltung des Geistes und die Verspannung des Körpers wieder in einen harmonischen Zustand zu transformieren (vgl. Müller-Ebeling et al.1998). In diesem Sinne hatte das Tanzen auf Parties auch einen reinigenden und heilenden Effekt. Diesen Blickwinkel übernahmen auch Spiral Tribe:

> „The music has an amazing effect karmically on each and every person who comes into contact with it. It goes into the realms of shamanism. You can call us techno-pagans, whatever, but these are very fundamental energies" (Harrison zit.nach Lowe/Shaw 1993:169).

Das Sound System sah Techno, ähnlich wie schon die Urväter Juan Atkins und Derrick May, als eine musikalische Revolution und die Free Party als schamanisches Ritual, das durch die neue Musiktechnologie, durch bewußtseinserweiternde Drogen und intensives Tanzen die Verbindung mit der Erde, mit der Umgebung und mit sich selbst wieder herstellen sollte. Diese und weitere Sichtweisen liegen den später formulierten Free-Party-Regeln zugrunde, die im sogenannten „Tekalogue" zusammengefasst, und als Verhaltensaufforderungen an Free Party-Teilnehmer zu verstehen sind.[43]

Im Vergleich zu anderen Sound Systemen, wie DiY oder Tonka, die sich auf einen weicheren und mehr funkigen House-Sound konzentrierten, spalteten

43 vgl. http://shockraver.free.fr/shockraver.htm, 15.12.2009

sich Spiral Tribe und andere Sound Systeme, wie Bedlam oder Adrenalin, musikalisch von der New Yorker und Chicagoer House-Tradition der 80er Jahre ab und knüpften an Atkins Detroit-Techno an. Sie kreierten ihre eigene, härtere Version von Techno mit stark erhöhter Bpm-Anzahl, die in den folgenden Jahren dann als Tekno bezeichnet wurde und im Laufe der Zeit viele weitere Differenzierungen erfuhr. Die Kraft des Rhythmus stand im Mittelpunkt und sollte dazu dienen, Trancezustände auszulösen, um so zu tieferen Bewusstseinszuständen vordringen zu können. Dieser Fokus auf den Rhythmus war eine weitere Abgrenzung von der westlich-europäischen Mehrheitskultur, die sich im musikalischen Bereich hauptsächlich durch Melodien und Harmonien definierte. Techno war für Spiral Tribe der musikalische Ausdruck für ihre neue Lebensweise:

> „Techno ist der beste Soundtrack für diesen Lifestyle. Wir haben ein Bewußtsein erlangt, das uns nur dieses Leben führen läßt – den Bruch mit der Gesellschaft, die Reise ins Unbekannte und eine stete Weiterentwicklung auf diesem Weg“ (Harrsion zit. nach Collin/Gorfrey 1998:229).

Mit ihrer Musik und ihren Parties versuchten Spiral Tribe zu dem Punkt zurück zu gelangen, bevor die westliche Zivilisation ihrer Ansicht nach alles verdorben hat (vgl. Reynolds 1998).

Auch die Grundeinstellung der Detroiter Technopioniere gegen den Starkult im Rockbusiness, wurde von Spiral Tribe übernommen. Ihre späteren Platten- Veröffentlichungen mit weißen Labels und das anonyme Auftreten als Kollektiv in der Öffentlichkeit war ihre Antwort auf das im kommerziellen Musikbusiness übliche Stargehabe und eine Reaktion auf die kapitalistische Verwertungslogik der Musikindustrie (vgl. Spiral Tribe in: Sterneck, 1999). Die Ablehnung des Starkults hatte zur Folge, dass sich Djs auf Free Tekno Parties meist nicht auf einer Bühne im Vordergrund – wie auf Drum and Bass- oder Goa- Parties der Fall – sondern, für die Tanzenden nicht sichtbar, hinter Boxenwänden positionieren, um sich als einzelne Person zurückzunehmen.

Abbildung 20: Beispiel einer Boxenwand. http://www.defcore.net/index.php?file=Reports&op=article&artid=100, 02.01.2010

Free Party – Free People

Ein essentieller Standpunkt in Spiral Tribes Weltsicht, der sich maßgeblich auf die spätere Free Tekno-Bewegung auswirkte, und eine kritische Position gegen das herrschende Gesellschaftssystem darstellte, war ihre Haltung zu Geld und Eigentum:

> „Geld oder Eigentum interessiert uns nicht…es ist unser Anrecht von Geburt an, auf dieser Erde zu wandeln, sauberes Wasser zu trinken, gesundes Essen zu verzehren und einen Unterschlupf zu haben. Es geht nicht um Hausbesetzungen oder Sound Systems, es geht um den Way of Life der Gesellschaft und wie inakzeptabel er ist“ (Harrison zit. nach Collin/Godfrey 1998:224ff).

Daraus resultierte der Anspruch, dass ihre Parties ohne Eintritt stattfanden, um allen Menschen die Möglichkeit zu geben an der Party teilzunehmen. Spiral Tribe sah im Geld ein Mittel zur Diskriminierung denjenigen gegenüber, die keines besaßen. Durch Eintritt würde die Party zu einer rein kommerziellen Veranstaltung verkommen, die nur eine gewisse Gruppe von Menschen ansprechen würde, die es sich leisten kann.

> „Wenn die Party umsonst ist, dann steht sie wirklich jedem in gleichem Maße offen, und man hat eine völlig andere Atmosphäre“ (Debbie Staunton zit. nach Collin/Godfrey 1998:230).

Die Einstellung, „kein Geld, kein Ego“, wurde zu einem Grundprinzip der späteren Free Tekno-Bewegung: die Party musste frei zugänglich sein. Die Weigerung, sich der kapitalistischen Profitlogik zu fügen, hebelte auch die Logik aus, dass für alles, was man bekommt, bezahlt werden müsse. Spiral Tribe legten ihre Parties stark nach dem Do-it-Yourself Prinzip aus und wollten die Leute anregen, ihre eigenen Parties zu organisieren. „Free“ bezog sich nicht nur auf freien Eintritt im Sinne einer freiwilligen Spende, sondern auch auf die Aufforderung an alle, sich frei zu fühlen, den autonomen Raum selbstbestimmt zu nutzen. Dieser Ansatz wurde später im bereits erwähnten „Tekalogue“ als Phrase, „remember: u are the party“, ausformuliert.[44]

Das Konzept von Free Parties als autonomer Raum passte exakt mit Hakim Beys Konzept der temporären, autonomen Zone – TAZ – zusammen (vgl. Bey 1991). Bey, ein anarchistischer Philosoph und Schriftsteller, sah in der TAZ einen temporären Aufstand, ohne direkte Konfrontation mit dem Staat, wo für eine begrenzte Zeit der „anarchistische Traum“ einer freien Kultur ausgelebt werden konnte:

> „Die TAZ ist (...) wie eine Operation einer Guerilla, die ein Gebiet (Land, Zeit, Imagination) befreit und sich dann auflöst, um sich irgendwo/irgendwann zu reformieren, bevor der Staat sie zerschlagen kann“ (Bey 1991:113).

Free Parties „befreien“ auch einen bestimmten Ort für eine bestimmte Zeit, um autonom und selbstbestimmt eine Party zu feiern. Diese temporären, autonomen Zonen können einmal eine Waldlichtung, eine leerstehende Fabrikshalle oder eine Schottergrube sein, in jedem Fall eröffnen sie immer die Möglichkeit, den Raum für alternatives, gesellschaftliches Zusammenleben zu nutzen. Die Verteidigung einer TAZ funktioniert nach Bey durch ihre Strategie der Unsichtbarkeit und ein entscheidendes Element ist die Spontanität der Aktion und ihre hierarchie-freie Struktur, um sich rasch an einem anderen Ort reformieren zu können (vgl. Bey 1991).

Inspiriert wurde Bey unter anderem von Sterlings Roman „Inseln im Netz“, der darin eine Zunahme von dezentralisierten Lebensexperimenten beschrieb, die alle durch eine Informationsökonomie miteinander vernetzt waren und anarchistische, befreite Zonen darstellten. Auch Bey sah seine Idee der temporären, autonomen Zone in ein Informationsnetzwerk eingebettet, das auf horizontaler Ebene die einzelnen Zonen miteinander verband (ebd.).

44 vgl. http://shockraver.free.fr/shockraver.htm, 16.12.2009

Die sich nach dem Festival-Sommer 1992 entwickelnde Free Tekno-Bewegung baute auf diesen Sichtweisen auf, wenn es beispielsweise heißt:

> „The TAZ is like a place, physical and mental, where people can freely assosiate with no written rules to submit, but following common ideals, in wich everyone can freely express his ideas and his way of thinking, confronting each other... such as a free society based on solidarity, free association of ideas and people... this is our TAZ".[45]

Free Parties als freie, kulturelle Manifestationen ohne kommerzielle Absichten, die für alle offen stehen, um gemeinsam daran zu partizipieren – stellen für Simon Reynolds ein ideales Beispiel für Beys temporäre, autonome Zone dar (vgl. Reynolds 1999).

Den Symbolen auf der Spur...

Auf ihrer Mission Free Parties in London und ganz England zu organisieren erkannten Spiral Tribe auch die Bedeutung von Symbolen (vgl. World Traveller Adventures, 2004). Mark Harrison setzte sein graphisches Know-How ein und kreierte Symbole, die auf Flyer, Sticker und Poster gedruckt, in London und Umgebung verteilt wurden, um ihre Message zu verbreiten.

Abbildung 21: Hand. http://www.spiral-tribe.org/know/index.html, 17.12.2009 / Abbildung 22: Spirale. http://www.spiral-tribe.org/know/index.html, 17.12.2009 / Abbildung 23: 23 Face. http://www.spiral-tribe.org/know/index.html, 17.12.2009

45 http://shockraver.free.fr/infoparty.htm, 16.12.2009

Die einzelnen Symbole dienten nicht nur als Wiedererkennungsmerkmale für Free Parties, sondern wurden von Spiral Tribe mit verschiedenen Bedeutungen aufgeladen. Die abgebildete Hand als Symbol stellte für das Sound System das Selbst, die Menschheit, Freundschaft und Kommunikation dar. Ihrer Ansicht nach verbindet die Hand Gedanken mit Aktionen, wodurch Ideen in direkte Handlungen umgesetzt werden.

Die Spirale in ihrer Dreidimensionalität symbolisiert durch ihre fehlenden Anfangs- und Endpunkte die Unendlichkeit und die Verbindung der Menschen mit der Natur. Für Spiral Tribe war die Bedeutung der Spirale für die Menschheit mindestens ebenso elementar, wie die „Entdeckung" des Rades. Die von der Natur abgeschaute Struktur der Spirale haltet unzählige technische Errungenschaften am Laufen und stellt einen essentiellen Bestandteil diverser Maschinen dar, die ohne sie auseinander fallen würden. Innerhalb der Free Tekno Bewegung wurde die Spirale zu dem Synonym für Free Tekno. Auch das von Mark Harrison entworfene „23 Face" wurde zu einem oft reproduzierten Symbol für Free Tekno[46] (vgl. St John 2009).

Hinter der ersten und der dritten Abbildung verbirgt sich noch eine weitere Bedeutung. Die drei ausgestreckten und zwei abgewinkelten Finger, sowie das grinsende Gesicht, weisen auf die Zahl 23 hin. Diese bedeutungsgeladene Zahl erfuhr große Aufmerksamkeit, ausgelöst durch die Roman-Trilogie „Illuminatus!", die von Robert Anton Wilson und Robert Shea 1975 veröffentlicht wurde. In ihrem Buch setzten sich die Autoren mit diversen historischen und fiktiven Verschwörungstheorien, sowie mit der Bedeutung der Zahl 23 auseinander und hatten großen Einfluss auf verschiedene kulturelle Strömungen in den USA und in Europa. Die Zahl inspirierte auch Mitglieder von Spiral Tribe, und sie verwendeten die Ziffern als paradoxes Symbol für Ungläubigkeit, „as the antithesis of ‚belief'" (vgl. St John 2009:39) und als Hinweis auf ihre Präsenz. Ihre Info-lines, Partytermine, Flyers, Backdrops und andere visuelle Ausdrucksmittel wiesen meist auch die Zahl 23 auf. Der Administrator der Spiral Tribe Website bestand darauf, dass die Zahl das Sound System ausgesucht hat, und nicht umgekehrt. Ein weiteres Mitglied des Sound Systems rechtfertigte die Verwendung der Zahl als Zufall.[47] Über die Zeit erhielt die

46 vgl. http://www.spiral-tribe.org/understand/page02.html, 17.12.2009;

47 Bei der Bestellung ihrer ersten Soundanlage über eine Katalogfirma, hatte der Zahlungsbeleg die Nummer 23 (vgl. www.spiral-tribe.org/forum, 23.11.2009,)

Abbildung 24: Spiral Tribe Flyer. http://www.wanderkolonie.org/, 04.05.2009

Zahl immer größere Signifikanz für die Free Tekno-Bewegung und wurde mit immer neuen Bedeutungen „aufgeladen":[48]

> „We are connected with a magic number, it leads us from chaos to disorder. The tekno conspiracy is connected to a wide invisible network, looking for 23 numbers … dont ask why it's just magic."[49]

---

48 vgl. http://www.spiral-tribe.org/engage/viewtopic.php?id=23&p=2, 18.12.2009

49 http://www.anirae.net/future_is_now.htm, 17.06.2009

4.5. Castlemorton und der CJA

Spiral Tribe hatte neben DiY, Bedlam und anderen Sound Systemen maßgeblich dazu beigetragen, dass sich aus der losen Verbindung von Travellern, Free Festival-Besuchern und Ravern seit 1991 eine neue Allianz aus Sound Systemen und Free Festival-Besuchern entwickelte. Dieses Bündnis traf, gemeinsam mit tausenden Menschen, am 23 Mai 1992 bei Castlemorton, einem Ort im Süden Englands, zum größten Free Festival in der britischen Geschichte zusammen. Bereits anfang Mai fanden sich 10000 Menschen zusammen, um das Beltane Festival bei Lechlade zu feiern, darunter auch Spiral Tribe, Bedlam und DiY. Das darauf folgende Avon Free Festival stellte einen weiteren Fixpunkt im aljährlichen Free Festival Kalender dar. Dieses Jahr war die Polizei allerdings ebenfalls organisiert und versuchte das Festival zu verhindern. Ihre Strategie ging jedoch nicht auf und sie musste zusehen, wie ein Kilometer langer Konvoi von Bussen, Autos und LKWs sich langsam Richtung Castlemorton Common aufmachte und am Fuße der Malvern Hills zum stehen kam (vgl. McKay 1996; Collin/Godfrey 1998). Simon vom Bedlam Sound System, war einer der ersten, der das Ereignis miterlebte:

> „I saw the site at Castlemorton before there were any buses on it. I just beat a five-mile convoy into the place and I watched it come in. It's a buzz. (...) You can't do nothing but smile, pulling that off and watching the police just standing by. There was nothing they could do" (Simon Goose, Bedlam Sound System in: Lowe/Shaw 1993:171).

Nach der Reihe fand sich ein Sound System nach dem anderen ein. DIY, Bedlam, Spiral Tribe, Circus Warp und viele weitere Systeme verwandelten das Gelände innerhalb weniger Stunden in einen eigenständigen Staat, in dem allein die Beteiligten das Sagen hatten. Eine temporäre, autonome Zone, die über ihre eigene Beleuchtung, Stromversorgung, Unterkünfte, Freizeitangebote und Verpflegung verfügte. Die Strategie einiger Sound Systeme, den neuen, elektronischen Sound mit den traditionellen Free Festivals der Hippies zu verbinden, ging komplett auf. Gerade dadurch, dass die Polizei ein Festival verhinderte und den Verkehr der zahlreich Anreisenden umleitete, geschah es, dass sich zwei dutzend Sound Systeme und c.a. 20000 Menschen in Castlemorton versammelten und über eine Woche ein Free Festival feierten (vgl. Lowe/Shaw 1993; Stone 1996; Collin/Godfrey 1998).

Gegen Ende des Festivals stellte sich aber auch heraus, dass nicht alle mit dem neuen Festivalformat zufrieden waren. Einige Traveller begrüßten zwar die musikalische Erweiterung, lehnten aber die permanente Beschallung durchgehend lauter Musik ab. Einige Sound Systeme nahmen die Beschwerden ernst und drehten ihre Anlagen ab. Andere ließen ihren Sound bis zum Ende aufgedreht, allen voran Spiral Tribe, die ihre Forderung 24-h-Musik-non-stop ohne Rücksicht durchsetzten:

> „These people may have been travelling for years, but we´ve just come through hell and high water to bring them this sound system for nothing, and to keep it going. In that situation we´re very polite about it, but no fucking way. There´s been so many people trying to hold this thing together for so long and we would never be there in the first place if we weren´t there by popular demand. We play the people´s music" (Mark Harrison in: Lowe/Shaw 1993).

Castlemorton stellte das größte Free Festival in der Geschichte Großbritanniens dar, und war quasi als „Proto-Teknival" der Vorläufer, der später stattfindenden Teknivals in Europa. Diese autonome, hierarchie-freie Zusammenkunft führte zu einem mehrjährigen gerichtlichen Nachspiel, bei dem dem Sound System Spiral Tribe die Verantwortung zugeschoben und ihnen „Verschwörung zum Zwecke der Störung öffentlicher Ordnung" vorgeworfen wurde. Castlemorton bestärkte das Innenministerium den 1986 beschlossenen Public Order Act zu Ende zu führen, indem die Traveller von der Straße zurück in Häuser gedrängt, und das Zustande-kommen von Raves und Festivals von vornherein unmöglich gemacht werden sollte (vgl. Collin/ Godfrey 1998; St John 2009). Diese „Ideal-Vorstellung" wurde praktisch in Form des 1994 beschlossenen Criminal Justice and Public Order Act in die Tat umgesetzt (St John, 2009). [50]

50 vgl. http://www.nospaceisinnocent.org./index.php?id=cf&L=0%2Findex.php%3Fmain%3D, 10. 11.2009

4.6. Der Exodus nach Europa und die weitere Vernetzung

Nach den zwei Jahre dauernden, gerichtlichen Verhandlungen, die dem Staat mehrere Millionen Pfund kosteten, wurden alle Angeklagten vom Spiral Tribe frei gesprochen. Nachdem es aber durch die neue gesetzliche Lage praktisch unmöglich geworden war, in England noch Free Festivals zu veranstalten, fand ein Exodus einiger Sound Systeme, darunter Spiral Tribe, nach Europa statt (vgl. Collin/Godfrey 1998; St John 2009).
Ein Stop war das Mutoid Festival in Berlin, organisiert von der Mutoid Waste Company. Die MWC stellte im autonom verwalteten Tacheles ihre Kunst aus und erhielt soundmäßige Unterstützung von Spiral Tribe. Danach reisten Spiral Tribe über Holland nach Frankreich weiter und organisierten am 23.07. 1993 gemeinsam mit Bedlam, Circus Lunatic, Rave Up und weiteren Sound Systemen das erste Free Festival auf europäischem Festland im Norden Frankreichs. Das in England noch sehr verbreitete Hippie-Element innerhalb der Free Festival-Szene, und die Traveller- Lebensweise war hier in dieser Ausprägung nicht vorhanden. Ebensowenig gab es eine selbstständige Geschichte der House-Musik, oder die Erfahrung von Acid-House-Parties und Free Festivals. Das Wissen und Know-How der englischen Sound Systeme fiel dennoch auf fruchtbaren Boden, und wurde vorallem musikalisch sofort radikalisiert und weiterentwickelt.[51]

Das im Norden Frankreichs abgehaltene Free Festival wurde zum ersten Mal als Teknival bezeichnet, und die in Europa angekommene Free Festival-Bewegung transformierte sich langsam zur Free Tekno-Bewegung. Die Sound Systeme richteten ihre Invitation an alle freien Menschen der Welt, die zusammenkommen sollten, um gemeinsam durch die Musik, eine neue Realität in die Praxis um zu setzen. Gleichzeitig wurde das musikalische Spektrum auf elektronische Musik, und im Speziellen auf Tekno, eingeschränkt.

Die Sound Systeme setzten ihre Erfahrungen mit der Organisierung von Free Parties und Free Festivals auf dem europäischen Festland konsequent fort und der Free-Festival-Spirit verbreitete sich auch in Europa und manifestierte sich über Kontinente hinweg weltweit (Europa[52], Kanada, USA, Indien, Australien, Südamerika, Afrika). Die Traveller- Lebensweise wurde innerhalb

---

51 vgl. http://www.nospaceisinnocent.org./index.php?id=cf&L=0%2F%2Findex.php%3Fid%3D1, 15. 01.2010

52 Die Freetekno-Bewegung in Europa ist zur Zeit verstärkt in Frankreich, Italien, Polen, Niederlande, Tschechien, Österreich, Spanien, Slowakei, Ungarn und Portugal anzutreffen.

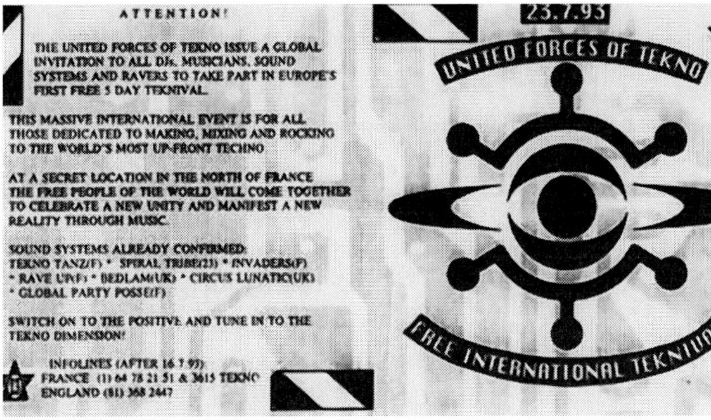

Abbildung 25: Flyer des ersten Teknivals auf europäischem Festland. http://www.spiral-tribe.org/understand/page14.html, 03.04.2009

der Free Tekno-Bewegung als kulturdefinierendes Merkmal von vielen Sound Systemen übernommen, und die mitgebrachten Hippie-Elemente verknüpften sich stärker mit autonomen Punk-Sichtweisen. Die stark vorhandene autonome Szene in Frankreich verband sich optimal mit den Sichtweisen der englischen Sound Systeme.

Abbildung 26: Spiral Tribe Flyer für Partyankündigung im Tacheles. http://www.spiral-tribe.org/understand/page14.html, 08.09.2009

Abbildung 27: Berliner Tacheles mit MIG-21 Kampfjet. http://super.tacheles.de/cms/, 15.02.2010

Ein Teil von Spiral Tribe gründete in Paris das Network 23, eine Kooperation von Menschen, die das Ziel verfolgten, eine unabhängige, nicht an Profit ausgerichtete Verbreitung elektronischer Musik zu ermöglichen (vgl. Reynolds, 1999). Ende 1993 kehrte ein Teil des Tribes nach Berlin zurück, wo sie gemeinsam mit der Mutoid Waste Company im Tacheles mit zwei ehemaligen russischen MIG-21 Kampf-Jets ihre erste Tekno-Performance präsentierten.[53] (vgl. Kap.4.3.1).

Anschließend reisten beide Kollektive, in Begleitung der MIG-Jets, nach Tschechien und veranstalteten 1994 das erste Hostomice Festival, das den Beginn des regelmäßig stattfindenden CzechTek darstellte.

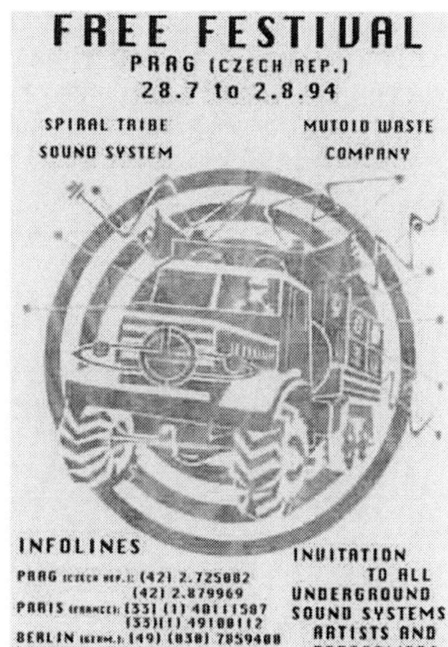

Abbildung 28: Flyer für das erste CzechTek 1994. http://www.spiral-tribe.org/understand/page14.html, 09.09.2009

53 http://www.youtube.com/watch?v=mhH3CvHA9wo, 12.02.2010

Abbildung 29: Spiral Tribe Rig am CzechTek 1994. http://www.spiral-tribe.org/understand/page14.html, 02.09.2009

Um einen optischen Vergleich zu erhalten, ein Foto vom CzechTek zehn Jahre später:

Abbildung 29: Abbildung 30: CzechTek 2004. http://www.defcore.net/index.php?file=Reports&op=article&artid=100, 11.02.2010

In den nächsten Jahren verbreiteten sich Teknivals, deren Ökonomie sich um die Produktion und Performance von Tekno-Musik zentrierte, über ganz Europa. Teknivals wurden zu „Anarcho-Tekno-Kunst-Karnevals", die eine dezentralisierte, autonome Musik-Kultur kreierten (vgl. St John, 2009). Die selbstorganisierte, spontane Vorgehensweise der immer mehr werdenden Sound Systeme ermöglichte es, in entlegenen Winkeln verschiedenster Länder eine neue Form des Widerstands zu etablieren. Die Free-Party-Bewegung entwickelte sich auch am europäischen Festland zur Lawine und zu einem angeblichen Problem der inneren Sicherheit, was von rechtsgerichteten Politikern zum Anlass genommen wurde, ähnlich wie in England, mit repressiven Gesetzen dieser Gefahr entgegen zu wirken.[54] Zahlreiche Regierungen antworteten nicht nur mit Gesetzen auf die Free-Festival-Bewegung, sondern ordneten auch Polizeigewalt an, um gegen Teknivals vorzugehen. Traurige Bekanntheit erlangte in diesem Zusammenhang das von der Polizei brutal aufgelöste CzechTek am 30.07. 2005 (vgl. „Beanfield" 1985 in England).

Die schockierenden Vorfälle in Tschechien brachten ein Problem zutage, dass auch in anderen Ländern seit vielen Jahren verdrängt wurde: den äußerst mangelhaften Umgang der Gesellschaft mit einer Musikkultur, die sich radikal den gängigen System-Mechanismen, wie Eintrittsgeld, musikalischem Starkult oder der Kooperation mit Großkonzernen, entgegen stellt. Diesen anderen Zugang anzuerkennen und nicht als Bedrohung wahrzunehmen, wäre ein wichtiger Schritt, um gewaltätigen Konfrontationen seitens verschiedener Regierungen ein Ende zu bereiten – egal ob in England, Tschechien, Frankreich, Italien oder in Österreich.[55]

Abbildung 31: Polizeieinsatz am CzechTek 2005. http://www.tschechien-online.org/modules.php?name=ppm&cat=Czech_Tek&gal=Polizeieinsatz_4&pic=mat13.JPG, 20.01.2010

54 vgl. http://www.nospaceisinnocent.org./index.php?id=cf&L=0%2Findex.php%3Fmain%3D, 10.11.2009

55 vgl. http://fm4v2.orf.at/burstup/202832/main, 04.09.2009

5. Free Tekno in Österreich

Da im Rahmen des vorliegenden Buches nicht näher auf die globale Entwicklung der Free Tekno-Bewegung eingegangen werden kann, konzentrieren sich die folgenden Kapitel auf die lokalen Ausdrucksformen von Free Tekno in Österreich.

5.1. „Mainstream" Techno-Parties

Bevor Spiral Tribe über Tschechien nach Österreich kam, war auch hier zu Beginn der 90er Jahre elektronische Musik in ihren diversen Ausprägungen in den Medien präsent und wurde in verschiedenen öffentlichen Locations einem ständig wachsendem Publikum präsentiert. XXX-Productions trug mit den veranstalteten Raves in den alten Gasometertürmen in Wien entscheidend zum Durchbruch von Techno in Österreich bei.[56] Das U4, das Flex, und die Arena waren weitere Locations in der Bundeshauptstadt, die diverse elektronische Clubnächte auf meist kommerzieller Ebene veranstalteten. Manche der späteren Free-Tekno-Party-Besucher sammelten ihre ersten Erfahrungen auf diesen ersten Techno-Parties:

> „So mit ca 16 bin i damals gern auf solche Techno-Parties gangen, Sea Vision und so. Des hat ma eigentlich recht gut gfalln, aber es war ma halt alles a bissl zu überzogen" (Interview 5b 15.06.2009).

> „Mit 12 war ich auf meinem ersten Gasometerfestl, im alten Gasometer. Das war cool. Das waren richtige Rave Parties damals, wo's mit der elektronischen Musik begonnen hat" (Interview 4a 22.11.2009).

---

56 vgl. http://www.eventszene.at/event/xxx-gazometer-the-ultimate-13-years-gazometer-anniversary?en_id=126139, 13.01.2010

Techno als profitable Musikrichtung wurde vorallem in Deutschland und Österreich schnell von der Musikindustrie als solche erkannt und vermarktet (vgl Kap.2.9.). Die Gasometer-Raves und andere elektronische Musik-Veranstaltungen gliederten sich rasch in diese marktwirtschaftliche Logik ein und präsentierten ihrem Publikum die neuen DJ-Stars der Techno-Szene. Diese ersten Techno-Parties trugen nicht nur dazu bei, Techno als Musik weiter zu verkommerzialisieren, sondern bereiteten auch einen Nährboden für die sich entwickelnde Free Tekno-Bewegung in Österreich vor. Parallel zur Mainstream-Schiene, begann sich auch hier zu Lande ein Underground zu bilden.

Eines der ersten Party-Kollektive, das beschloss, sein eigenes Sound System zu gründen, um selbst Parties zu organisieren, war das Pong Sound System, das Ende 1993 „das Licht der Welt erblickte". Der Name Pong stand für eine Handvoll begeisterter und engagierter Leute, die Parties in Steinbrüchen, Wäldern oder abbruchreifen Häusern organisierten. Kennzeichnend für die 90er Jahre, setzte sich das musikalische Spektrum des Pong Sound Systems aus diversen elektronischen Musik-Genres zusammen. 1997 begannen sie mit dem Bau eines eigenen Ton-Studios, das erst fünf Jahre später fertiggestellt wurde. Während dieser Jahre veränderte sich die aufkommende Szene aber, und die Einstellungen des Pong Sound Systems wichen immer mehr von den Sichtweisen der nachkommenden Generation ab. Parties zu organisieren machte dem System immer weniger Freude, und sie begannen sich mehr der Musik Produktion zu widmen.[57] Mittlerweile haben sie auf ihrer Homepage folgende message hinterlassen:

pong has left the building...

1993-2009.[58]
really?

57 vgl.http://www.pongolic.com/, 12.08.2009

58 vgl.http://www.pongolic.com/, 12.08.2009

Mitte der 90er Jahre entwickelten sich weitere Sound Systeme, die teilweise den Free-Party-Spirit durch Erfahrungen in England, Frankreich oder aus anderen Ländern kennengelernt hatten und nach Österreich importierten. Es dauerte nicht lange und das Spiral Tribe Kollektive kam auf seiner Mission, Free Tekno in der Welt zu verbreiten, über Frankreich, Deutschland, Tschechien auch nach Österreich und beteiligte sich am Aufbau der Free Tekno-Bewegung.

5.2. Spiral Tribe in the area!

> „Mit unserem mobilen Sound System und Studio tragen wir unseren Sound durch Europa, wobei wir nun hoffen, einige Zeit im Osten verbringen zu können. (...) Unser Netzwerk einer globalen Kommunikation erstreckt sich nun über Kontinente und bricht sämtliche Bahnen zwischen Ländern“ (vgl. Spiral Tribe Flyer 4b, 1994)

Bevor das gesamte englische Kollektiv den Free-Party-Spirit nach Österreich brachte, legte bereits einer der Mitglieder, Sebastian, in der Arena[59] auf den damaligen Technodrom-Parties auf. Er war quasi der „Botschafter“ des gesamten Kollektivs, das dann 1994 nach Österreich kam und die ersten Free Parties in Wien und in Niederösterreich organisierte. Auch hier waren die Partybesucher überrascht und begeistert von der Atmosphäre, die die Parties von Spiral Tribe auszeichneten:

> „(...) Irgendwann war ich zum ersten Mal auf einer Free Party. Das war eine Spiral Tribe-Party und das war gleich hier in der Nähe, im 22. Bezirk. (...) Ich gehe

59 Als Spiral Tribe das erste Mal die Arena besuchte, war diese Location noch mit ihrer besetzten Geschichte verwurzelt, was heute nicht mehr der Fall ist. Die ursprünglich besetzte Arena stand da, wo sich heute die MGC-Hallen befinden. Jetzt ein Modecenter, das als Textilgroßhandelszentrum, Bürohaus und teilweise für Veranstaltungen genutzt wird. Den Menschen, die den Raum 1979 drei Monate lang besetzten und sich für ein alternatives Kulturzentrum einsetzten, wurde die kleinere Alternative, die Räumlichkeiten der heutigen Arena, angeboten. Diese schien im Vergleich zur ursprünglichen Location überschau- und kontrollierbar zu sein, denn laut Finanzstadtrat Hans Mayr, „dürfe man jungen Leuten, die die Herrschaftslosigkeit probten, schon aus „ordnungspolitischen“ Gründen keinen Raum geben“ (vgl. http://derstandard.at/?url=/? id=2492068, 12.10.2009). Solche Sichtweisen haben sich nach wie vor kaum geändert, wenn es um die Forderung nach mehr Freiräumen geht.

dort rein...und ich war total wie weggeblasen, eine riesige Boxenwand, alle tanzen, wie im Gasometer, aber mehr auf meiner Welle" (von Gabain 2009:38).

Manche Besucher fanden über Freunde, oder einfach durch Zufall zu ihrer ersten Free Party:

> „Wir warn in L., das is a Nachbargemeinde von Neustadt. Und wennst den Weg zu Fuß gehst, dann musst durch den Wald und kommst eben bei dieser Fabrik vorbei. Und wir haben uns LSD reinghaut und wollten eigentlich durch den Wald zu an Freund nach Neustadt gehn. Und da komm ma durch den Wald und hörn die ärgsten Geräusche und haben ned gwusst, was des is und sind dann rein in die Halle und da war das Spiral Tribe Sound System. Es war so, dass das Acid die Party gfunden hat. (...) Mit der Musik hab i halt erst später was anfangen können, aber so als Party war's schon a ziemliches Erlebnis damals." (Interview 4b 08.06.2009).

Diese Art, Parties mit freiem Eintritt und freiem Zugang für jeden zu feiern, stellte auch in Österreich etwas völlig Neues dar:

> „Spiral Tribe war der Ursprung, als erstes Tekno Sound System (...) Also freie Veranstaltungen (in Ö.), das hat's nicht geben. Also du kannst Musik hörn, du kannst Musik machen, du musst nichts zahlen und kannst trotzdem ein Teil davon sein. (...) Es war scheißegal, ob du berufstätig warst oder Penner. Das hat's eben so nicht geben" (Interview 4a 22.11.2009).

Wie schon in England setzte sich das Publikum zu Beginn aus verschiedenen gesellschaftlichen Gruppen zusammen. Dem Sound System Kollektiv aus Großbritannien lag viel daran, ihre politischen und sozialen Sichtweisen den Partybesuchern weiter zu geben. Darunter die Einstellung, dass jeder Mensch freien Zugang zur Party hat:

> „Also es warn reiche Leute dabei, Leute aus der Mittelschicht und arme Leute. Es war wurscht was du bist, was du hast, oder was du kannst. (...) Es is nur um deine Einstellung und deine Meinung gangen. Das war immer das, was mir ur taugt hat, dass diese Klassifizierung einfach weggfalln is" (Interview 4a 22.11.2009)

Diese und weitere Perspektiven animierten viele Beteiligte im Sinne des Do-it-Yourself-Prinzips, ihre eigenen Sound Systeme zu gründen. Das Lego Sound System war eines davon:

> „Das sind eh so die Rumours, I was net genau, wann die vom Spiral Tribe das erste Mal nach Österreich kommen sind, aber es muss irgendwann anfang 94 gewesen sein, wo sie in der Arena gwohnt haben. (...) und da war die Gschicht, dass Österreich ka Anlage ghabt hat und ka Sound System, und da haben die Spiral Tribes a Party in der Arena organisiert, wo die freie Spende dann für's erste österreichische Sound System zur Verfügung gstellt worden is. Und damit haben's dann angeblich die erste Lego-Anlage kauft" (Interview 4b 08.06.09).

Das Spiral Tribe Kollektiv unterstützte die aufkommende Free Tekno-Bewegung in Österreich, und gab seine Erfahrungen und Erkenntnisse dem neu gegründeten Sound System weiter. Den Jahreswechsel 1994/95 verbrachte Spiral Tribe in Wien, organisierte Free Parties in der Arena und feierte eine Silvester Free Party bei Wiener Neudorf.

Abbildung 32: Spiral Tribe Flyer 31.12.1994. http://www.wanderkolonie.org/, 05.06.2009

Abbildung 33: Spiral Tribe auf der Free-Party-Parade 1996, Wien, Parlament. http://www.spiral-tribe.org/understand/page15.html, 23.11.2009

Dieser folgte eine Free Party im Jänner im EKH und gemeinsam mit Bedlam organisierten sie im März eine weitere Party in der Arena. Zusammen mit Desert Storm travellten sie anschließend nach Bosnien, um dort in verschiedenen Orten Parties zu organisieren:

> „Leider ruinierten die bosnischen Straßen unsere Fahrzeuge, so daß wir gezwungen waren, nach Wien auszuweichen. Hier werden wir unseren Trucks und dem Equipement einschließlich uns Leben einhauchen, um wieder nach Bosnien zu ziehen" (Spiral Tribe–Flyer 14.09.1996).

Im Zuge der Free Party-Parade 1996, an der sich der Tribe ebenfalls beteiligte, organisierte das Sound System wieder eine Free Party in Fischamend.

Auch mediale Aufmerksamkeit wurde dem Sound Kollektiv zuteil und die Zeitschrift „Techno" brachte einen Artikel mit der Headline „Hippies der Neunziger" heraus. Darin wurde das Kollektiv aufgrund ihrer Lebensweise, als erste „Techno-Zigeuner" bezeichnet, die in ihren Trucks durch Europa reisten, illegale Raves und eine neue Lebensart zelebrierten.[60]

60 vgl. http://www.spiral-tribe.org/understand/page15.html, 13.01.2010

Abbildung 34: Free Party-Flyer Fischamend 1996. http://www.wanderkolonie.org/, 03.05.2009

5.3. Die ersten Systeme

Inspiriert von Spiral Tribe Parties in Frankreich und durch den direkten Einfluss des englischen Sound Systems in Österreich war Lego eines der ersten Systeme, das Free Parties veranstaltete und die Ideen von Spiral Tribe aufgriff und auf seine Weise weiterverbreitete. Vielen Beteiligten aus der Free Tekno-Bewegung in Österreich ist der Name Lego als Ursprung von Free Tekno hierzulande nach wie vor ein Begriff:

> „Ich weiß das auch nicht so genau, weil ich nicht dabei war, aber es hat sicher so 94 95 96 immer wieder Parties geben und Lego war eins der ersten Systeme, und dann hat's aber viele geben, aber Lego warn halt so die Überväter, was ich so mitkrigt hab" (Interview 3b 01.04.2009).

Bevor Spiral Tribe weiterzogen organisierte das Kollektiv gemeinsam mit Lego und Circus Alien, einem tschechischen Sound System, eine weitere Free Party in Tschechien und begeisterte viele Besucher mit ihrer Art zu Leben:

> „(...) das war meine erste Party, 30.11.1996 in Dubrovna, Tschechien. Spiral Tribe, Circus Alien und Lego. Da hats Lego auch schon geben.(...) Dort hab ich auch die Grund Spiral Gruppe kennenglernt, ur viel alte Leut, das war halt damals total krass, das hat ma so taugt, alle warn so nett und so lieb (...) und ich hab halt gfragt, woher sie eigentlich kommen. Und sie haben halt begonnen zu erzähln vom Spiral Tribe, dass sie durch die Welt fahrn und Parties machen.

Und ich hab mir so gedacht boa reisen, weg aus Österreich. Und dann bin ich da mitgfahrn nach Frankreich (...)" (Interview 4a 22.11.2009).

Abbildung 35: Spiral Tribe, Circus Alien, Lego Free Party Flyer. http://www.wanderkolonie.org/, 03.05.2009

Spiral Tribe zeigten auf ihren Parties nicht nur Alternativen von zwischenmenschlichem Zusammenleben auf, sondern eröffneten auch Perspektiven, wie eigene Freiräume entstehen und angeeignet werden können. Viele junge Menschen machten die Erfahrung, dass sie selbst etwas „auf die Beine stellen konnten", wenn sie sich zusammenschlossen. Es dauerte nicht lange und neben Lego gründeten sich weitere Sound Systeme, wie Teamtrash, Subsound, Wako, IFP oder Enter. Es entstanden Kollektive, oft auf hierarchiefreier Basis, die die Freiheit entdeckten, selbst zu bestimmen, wo und wie Party gemacht werden sollte. Im Sinne Hakim Bey's Konzept der temporären, autonomen Zone begannen die Sound Systeme in verschiedenen Teilen Österreichs[61] auf Waldlichtungen, in Schottergruben oder leerstehenden Fabrikshallen, eigene Räume zu besetzen, um Free Parties zu veranstalten:

61 Die meisten Aktivitäten österreichischer Sound Systeme reichen von Ober- nach Niederösterreich, über Wien, Burgenland in die Steiermark. Warum genau in den anderen Bundesländern (Salzburg, Kärnten, Tirol, Vorarlberg) wenig bis gar keine Sound Systeme vorhanden sind und dementsprechend wenig Free Parties organisiert werden, müsste weiter nachgegangen werden.

> „Früher ham sich 50 Leut am Parkplatz getroffn und sind gemeinsam losgfahrn und ham eine Stelle gsucht, wo sie Party machen können. Meistens wars a Waldlichtung, daher auch die Tarnkleidung. Da hamma ein Stroboskoplicht ghabt, eine kleine Barlampe, 10 Kisten Bier im Kofferraum und das warn die ersten Parties, an die ich mich erinnern kann" (Interview 4a 22.11.2009).

Einige Sound Systeme veranstalteten Free Parties nicht nur in Österreich, sondern travellten auch durch andere Länder und beteiligten sich am internationalen „Free Teknival Circus" (vgl. St John, 2009) und kleineren Free Parties in ganz Europa. Dadurch wurden über die eigenen Landesgrenzen hinaus Kontakte zu anderen Sound Systemen geknüpft, und manche österreichischen Systeme machten sich auch durch ihren jeweilig produzierten Sound einen Namen innerhalb der Szene.

Da die Parties in der ersten Zeit noch von relativ wenig Menschen besucht wurden, fielen sie weder den Medien, noch den Ordnungshütern auf und konnten oft bis in den nächsten Tag gefeiert werden. Die Unbekanntheit der Szene und ihr hauptsächliches Agieren im Untergrund, machte es 1998 möglich, ein Teknival in Österreich zu organisieren, das über mehrere Tage abgehalten werden konnte:

> „Also in Österreich hats glaub i zwa Teknivals geben, die funktioniert haben. Das ane war 1998, wo ur viele Franzosen kommen sind, die die H. herbracht hat. Das war so oarg, da sand 20-30 riesige LKWs anmarschiert und das Teknival is dann im Burgenland gstiegen. Des war angmeldet als CD-Präsentation und des is echt durchgangen. Also die erste Nacht war ok und am Samstag sind dann die ersten Polizisten kommen und die ham's net packt. Haben die riesigen Anlagen gsehn, also die Franzosen haben echt vü aufbaut ghabt (...) aber im Endeffekt is es bis Montag grennt, bis die Polizei doch irgendwie durchgriffen hat" (Interview 4b 08.06.2009)

Über die Jahre wurden immer mehr junge Leute vom Free-Party-Spirit angesteckt, und die Zahl der Sound Systeme erweiterte sich fortlaufend. In Österreich entstanden in den letzten 16 Jahren über 80 Sound Systeme, die unterschiedlich lang in der Free Tekno Szene aktiv waren bzw sich nach wie vor in der Szene engagieren.[62]

62 vgl.http://www.freeundergroundtekno.org/sound-systems/, 20.10.2009

Abbildung 36: Open-Air Free Parties

Abbildung 37: Open-Air Free Parties

5.4. Free Tekno Community

Aus der anfangs relativ heterogenen Free-Party-Besucher-Gruppe entwickelte sich im Laufe der Zeit langsam eine eingeschworene Community, bzw. eine „österreichische" Variante der Free Tekno-Bewegung, die ihre eigenen kulturellen und sozialen Ausdrucksformen hervorbrachte.

5.4.1. Soziale Organisation

Da sich Free Parties auch in Österreich außerhalb des gesetzlich legalen Rahmens befanden, war es notwendig, sich so unauffällig wie möglich miteinander zu vernetzen, um sich einen Raum anzueignen, an dem so lange wie möglich Party gefeiert werden konnte. Auch in Österreich funktionierte die Kommunikationsform, die notwendig war, um die Informationen über das Wann und Wo der Parties zu erfahren, eine Zeit lang. Wie bei den Parties in England, wurde die Information für die nächste Party am Anfang „by word of mouth" an Eingeweihte weitergegeben, bzw an Freunde, die von den Insidern darüber aufgeklärt wurden, worum es ging:

> „I bin dann einfach einmal mit meinen Freunden mitgangen und hab schon die Musik gern ghört, aber des Ganze noch so a bissi von außen miterlebt. Also i hab mi net involviert gfühlt, i hab net vü Ahnung ghabt, was da dahinter abrennt, oder was die Systemleut da wirklich alles machen" (Interview 2a 30.07.2009).

Die mündliche Weitergabe der Partyinfos an Freunde wurde bald durch die Verbreitung von Flyern auf Parties erweitert:

> „Ganz am Anfang wars nur über Mundpropaganda, dann sind die kopierten schwarz/weiß Flyer kommen mit der Infoline, weils immer größer worden is (...)" (Interview 4a 22.11.2009).

Der Flyer und andere Medien wurden in diesem Zusammenhang als kreative Ausdrucksmittel für Free Tekno entdeckt:

> „Früher warn das Zeichnungen, wo drin dann die Buchstaben versteckt warn. Das war wie Rätselraten, das war cool, das warn Künstler in unserer Szene. Ich persönlich hab begonnen, Flyer mit Hilfe des Computers zu entwerfen. Früher haben Leute auf Party einfach ein Blatt Papier ghabt und mit Bleistift draufgezeichnet, und das is dann kopiert worden" (Interview 4a 22.11.2009).

Exkurs: Flyer und Backdrops

Auch in Österreich griffen kreative Köpfe das Op-Art-Design und die bereits „typische" Free Tekno Graphik (psychedelische, oder eckige, abstrakte, graffiti- oder comic-hafte Formen, Muster oder Bilder, meist in s/w) auf und bildeten sie auf Flyer und Backdrops[63] ab. Verschiedene Symbole, die von Spiral Tribe und anderen Sound Systemen als Synonyme für Free Tekno implementiert wurden (Spirale, 23, Roboter, Maschinen, Boxenwände/türme, Turntables, Clownköpfe, Waffen, LKWs, Gasmasken, Spinnentiere, ect.) dienten oft als Vorlage und wurden künstlerisch weiter entwickelt.

Allgemein beinhalten die dargestellten Symbole auf vielen Flyern und Backdrops oft die Metapher des Kampfes und des Widerstands, die sich unter anderem gegen die Musikindustrie und ihre profitorientierte Logik wendet; oder es wird Stellung bezogen gegen repressive Maßnahmen seitens diverser Regierungen bzw allgemeine Systemkritik transportiert. Geführt wird dieser Kampf aber nicht mit Gewalt, sondern mit elektronischem Sound und dem Organisieren der Free Party (vgl. Krapf 2001). Die mutierten Maschinen und Roboter auf diversen Flyern und Backdrops lassen den Einfluß der Mutoit Waste Company erkennen. Ihre Metall-Maschinen-Roboter-Fahrzeug-Kunst wirkte sich grundlegend auf die internationale Free Tekno-Kunst und Dekoration aus. Blickt man zeitlich zurück, hat die Mensch-Maschine-Verbindung eine lange Tradition, die bis zum Ursprung von Techno zurückreicht (vgl. Kraftwerk, Juan Atkins etc.).

Auch in Österreich entwickelten viele Sound Systeme ihre eigenen Logos, die teilweise als Wiedererkennungsmerkmale auf Flyern oder Backdrops abgebildet waren (vgl. Maierhofer 2006) Um einen visuellen Eindruck zu bekommen, werden auf den folgenden Seiten verschiedene Beispiele für diverse Graphik-Designs abgebildet:

63 Backdrops sind große Wandtücher bzw Transparente, die meist selbst bemalt, entweder das Logo eines Sound Systems darstellen, oder spezifische Free Tekno Graphiken aufweisen und auf Parties als Dekoration verwendet werden.

Abbildung 38: „Waffen-Maschinen-Panzer"-Graphik. Fat Familiy 30.06.06, persönliches Flyerarchiv

Abbildung 39: „Eckige Op-Art" Graphik plus Sound System Logos. Pax Nicht, Wakuum, Enter, DMT 26.08.06, persönliches Flyerarchiv

Abbildung 40: „Fließende Op-Art“ Graphik mit „Tribal-Elementen“. Active Kaoss, 28.06.08, persönliches Flyerarchiv

Abbildung 41: „Halloween-Shroom-Op-Art“ Graphik. Masc, Texwax, t.n.i.d., 09.09.2000, persönliches Flyerarchiv

Abbildung 42: Op-Art- Graphik im „Comic-MC-Escher-Design". TeamTrash, persönliches Flyerarchiv

Abbildung 43: „Graffiti-Gangsta-Comic" Graphik 1. Wakuum, System 17, Acidgurkerl, persönliches Flyerarchiv

Abbildung 44: „Graffiti-Gangsta-Comic" Graphik 2. Tekwax, persöliches Flyerarchiv

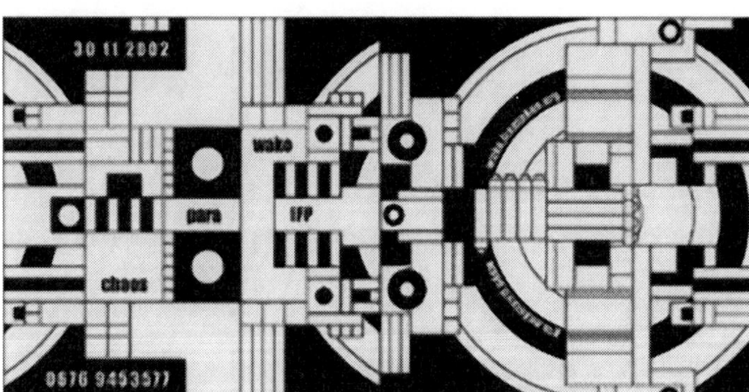

Abbildung 45: Architektonische-S/W-Op-Art" Graphik 1. http://www.elektrokanibal.org/FlyerAT.htm, 21.11. 2009

Abbildung 46: Architektonische S/W-Op-Art" Graphik 2. http://www.kurbelwave.org/ Abbildung 47: „Spiralen-Op-Art" Graphik. http://www.elektrokanibal.org/FlyerAT.htm, 21.11. 2009 / Abbildung 48: „Op-Art" Graphik. http://www.elektrokanibal.org/FlyerAT.htm, 21.11. 2009

Auch auf Backdrops wird die charakteristische Free Tekno-Graphik sichtbar:

Abbildung 49: „DJ at work", Grafik auf Stoff. http://www.kurbelwave.org/, 09.12. 2009

Abbildung 50: Comic-Grafik auf Stoff. http://www.defcore.net/index.php?file=Reports &op=article&artid=100, 08.12. 2009

5.4.2. Kommunikation, Vernetzung, Vergrößerung

Die Free Tekno Community vergrößerte sich fortlaufend, und das Medium Internet[64] wurde als weitere Vernetzungsmöglichkeit entdeckt. Es entstanden eigene Free Tekno-Foren, die zeitweise, wiederum nur für Eingeweihte zugänglich, Infolines und Partyinformationen beinhalteten. Hatte das Netz zu Beginn positive Auswirkungen auf die weitere Entwicklung der Szene, zeigten sich mit der Zeit auch die negativen Konsequenzen dieses Mediums. Die Inanspruchnahme dieses Kommunikationsmittels führte dazu, dass viele Beteiligte immer unvorsichtiger wurden und Informationen im Internet der Öffentlichkeit präsentierten:

> „(...)und dann is irgendwann des mitn Internet losgangen. Leut ham auf Youtube erklärt, wie das mit der Infoline funktioniert. Jeder Polizist kann sich das anschaun. Ab da war's mitn Underground vorbei. Ma war verraten" (Interview 4a 22.11.2009).

Das Internet war eine Ebene, die die Free Tekno-Bewegung langsam einem breiteren Publikum näher brachte und auch der Polizei Möglichkeiten eröffnete, sich genauer zu informieren. Bevor aber der Underground durch diese und andere Entwicklungen immer sichtbarer wurde, ermöglichte die Vorgehensweise per Mundpropaganda, eine Gruppe von Menschen zusammen zu bringen, die sich zum großen Teil über gewisse Grundeinstellungen einig waren. Auch hier zu Lande wurden die Grundprinzipien der Free Tekno-Bewegung in den Handlungspraxen der Beteiligten sichtbar, indem auf Free Parties beispielsweise gemeinsam darauf geachtet wurde, dass der Ort nach der Party wieder so verlassen wurde, wie man ihn vorgefunden hatte. Gegenseitiges Respektieren und die Übernahme von Eigenverantwortung waren weitere gemeinsam geteilte Orientierungspunkte:

> „In dem freien Raum gelten unsere Regeln bis zu an gewissen Grad. Es sind anfach gewisse Verantwortungen füreinander, kane Regeln, aber jeder is für sich und fürn andern verantwortlich, und jeder hat zu schaun, das jedem guat geht" (Interview 5b 15.06.2009).

64 Das Internet als international bedeutsames Medium (im Sinne der Vernetzung der weltweit verstreuten „TAZen") wäre eine weitere Ebene, die in dem vorliegenden Buch leider nicht näher berücksichtig werden konnte.

Dieser Konsens war die Voraussetzung für das Funktionieren der Free Parties und spiegelt indirekt das kollektive Bewußtsein – die allgemeinen Free Party-Aufforderungen betreffend – wider. Aufgrund dieser gemeinsam geteilten Richtlinien entwickelten sich Gemeinschaftsgefühle, Vertrauen und Zusammengehörigkeit unter den Beteiligten, was nicht nur eine friedliche, ausgelassene und enthemmte Atmosphäre auf Parties ermöglichte, sondern vielen auch ein familiäres Gefühl von Halt und Sicherheit gab:

> „Free Tekno war so, nicht so mein kleines Geheimnis, mehr so meine Familie, meine Basisgrundlage, die mir die Kraft geben hat, alles zu überstehn, das arbeiten gehen, nebenbei die Schule fertig machen" (Interview 4a 22.11.2009).

Das besondere Wissen, wann und wo die nächste Party stattfinden würde, und der Zugang dazu, sowie das gemeinsam geteilte Hintergrundwissen, verlieh vielen ein Gefühl der „Privilegiertheit" und Verbundenheit. Es wurde gemeinsam ein Geheimnis geteilt, das nur für Eingeweihte zugänglich war:

> „Wie i angfangen hab auf Parties zu gehen, war das für mi auf jeden Fall noch verdeckter. Es war mehr so a Geheimbund irgendwie. Du bist da reinkommen, und es hat sich eine komplett neue Welt eröffnet, von der du vorher nix gwusst hast, weil's nix war, was in der Öffentlichkeit Thema gewesen wär" (Interview 2a 30.07.2009).

> „Ich war in einer Gruppe, wo ma öfters auf Parties gangen sind, aber nicht ausschließlich an Tekno interessiert waren. Und das (die Tekno-Szene) war schon so eine eher exklusivere Gruppe, also Zusammenhalt nach innen relativ stark und nach aussen macht man die Schotten dicht" (Interview 3b 01.04.200).

Für Außenstehende, die niemanden aus der Szene kannten, war es schwer, an Partyinformationen heranzukommen:

> „Auf meiner Schule hat's keine Teknos geben und das war auch schwer für einen Außenstehenden rein zukommen. Ich hab dann einmal wen troffen, bei dem ich gwusst hab, der schaut danach aus, den quatsch ich an. Und der hat mir dann an Flyer geben und gmeint, ich soll nicht so viele Leut mitnehmen, weil dann die He kommt" (Interview 2b 24.02.2009).

Durch das Anwachsen der Free Tekno-Szene, wurde die Gemeinschaft auch durch Menschen erweitert, die die gemeinsam ausgehandelten Vereinbarungen nicht teilten:

> „Es sind mit der Zeit irgendwelche Leut kommen. Es hat einfach so große Wellen gschlagen, dass es nicht mehr die Leut waren, die das Ganze geteilt haben, sondern Leut, die wegen dem Style kommen sind. So a Trend quasi. Und das war halt auch irgendwie schirch zum mitkrigen" (Interview 4a 22.11.2009).

Dieser größer werdende Bekanntheitsgrad von Free Parties hatte zur Folge, dass sich das Gemeinschaftsgefühl und das Vertrauen unter vielen Beteiligten verringerte und zu gegenseitiger Verunsicherung und Mißtrauen führte. Konsequenzen dieser Entwicklung schlugen sich, unter anderen, in der Reaktion nieder, dass gewisse Menschen von vornherein, allein durch ihre äußere Erscheinung (Bsp. „Krocha"[65]), ausgegrenzt wurden. Diese Reaktionen widersprachen aber grundlegenden Forderungen von Free Tekno:

> „Also das war für uns so der Grundkodex, das haben wir einfach immer gewusst, dass da jeder hin gehen kann. Das war für mich auch so das Faszinierende, da gibt's eine Szene, die ur tolerant is und wo alle mitmachen können" (Interview 3a 23.10.2009).

Am Beispiel der „Krocha", die in den letzten drei Jahren vermehrt auf Tekno Parties anzutreffen waren, wurde die Bedeutung der äußeren Erscheinung sichtbar, und welche Rolle der Dresscode zu spielen begann:

> A: „I pack die Krocha net. Schau dir den zum Beispiel an, der nimmt sich so viel Platz beim Tanzen, als ob er allein da wär. Und wie der sich bewegt, und des Gwand".
> B: „Ja und. Ich brauch auch viel Platz beim Tanzen und verdräng manchmal andere Leut".
> A: „Ja, aber bei dir is des was anderes". (Gespräch mit jungem Tekno im Florido Beach Club, Gesprächsprotokoll, 30.03. 2008)

65 Als „Krocha" werden Mitglieder einer jungen österreichischen Jugend-Szene bezeichnet, die sich hauptsächlich über ihren Kleidungs- und Tanzstil definieren. Anzutreffen sind Mitglieder dieser Szene vorrangig in öffentlichen Diskotheken, wo zu Jumpstyle, Schranz oder Hardstyle getanzt wird. Auf markenbewusste, äußere Erscheinung wird besonderer Wert gelegt. Eine politische Positionierung wird in dieser Jugend-Szene nicht verfolgt (vgl. http://de.wikipedia.org/wiki/Krocha, 26.01.2010).

5.4.3. Dresscode

Free Tekno kam nicht nur über graphische Oberflächen zum Ausdruck, sondern spiegelte sich auch in der Kleidung der Beteiligten wieder. Indem immer mehr Menschen auf einen bestimmten Kleidungsstil zurückgriffen, entwickelte sich mit der Zeit ein bestimmter Dresscode.

War das Gewand der ersten Free Party Besucher zu Beginn noch so bunt, wie es für die 90er Jahre üblich war –

Abbildung 51: Spiral Tribe Open Ari Free Party. http://www.spiral-tribe.org/understand/page06.html, 11.12.2009

veränderte sich der Stil und die Farbe im Laufe der Zeit. Auch in Österreich übernahmen viele Beteiligte den „Crustie-Traveller-Punk-Look" und modifizierten ihn auf ihre Art und Weise. Eine Zeit lang dominierten auf österreichischen Free Parties olivgrüne Armyhosen, Kapuzenpullover oder T-shirts mit Sound System Logos, entweder in schwarz, olivgrün, braun oder blau – Tönen. Hellere Farben, wie rot, orange oder gelb wurden selten getragen. Frisuren wie Kurzhaarschnitte oder kahl rasierte Köpfe, die oft von Cappies bedeckt waren, waren üblich. Viele übernahmen auch den „Crustie-Dread-Look". Dreadlocks, die meist links und rechts vom Kopf abrasiert, und teilweise mit bunter Filzwolle kombiniert wurden. Gedehnte Ohrringe, oder Piercings, sowie Tattoos waren weitere Stilelemente.

> „Also die „Tracht", grüne Armyhosen, Kapperln mit Buttons, bunte Dreads und Systemleiberln, is teilweise von den Crusty Punks abgschaut worden. Das waren die Sorte Punks, die net so wie die typischen Punks ausgschaut haben, so enge Hosen und Caromuster. Sondern eben weite Armyhosen anghabt haben und meist bunte Dreads getragen haben" (Interview 2b 24.02.2009).

Ein gewisser Dresscode kann auch als eine Form der Ablehnung aufgefasst werden (vgl. Genet 1967 in: Hebdige 1996). Über den „Military-Look" in der Free Tekno-Bewegung wird mitunter bewußt die Verweigerung und das „Widerstandleisten" gegen auferlegte Normen aus einer politisch-kritischen Intention heraus nach außen getragen (vgl. Krapf, 2001). Auch in Österreich ordnen sich viele Beteiligte der Free Tekno-Bewegung, wenn politisch, dann eher der linken Szene zu, und sehen in der Organisierung von Free Parties auch ein Zeichen des Widerstands gegen das System. Die politische Komponente von Free Tekno wird aber in einem späteren Kapitel noch ausführlicher diskutiert.

Immer mehr Menschen übernahmen aus unterschiedlichen Beweggründen diesen Kleidungsstil; zum Teil aus Gründen des Geschmacks, teilweise aus Gründen des politisch-kritischen Widerstands, oder auch aufgrund menschlicher Bedürfnisse nach Zugehörigkeit. Der gemeinsame Dresscode verstärkte allgemein ein Gefühl der Zusammengehörigkeit, löste aber auch gewisse Uniformierungstendenzen aus:

> „Also es galt ja ursprünglich, dass jeder aus jeder Szene, egal was er für einen Hintergrund hat, zu einer Tekno Party kommen kann, egal, ob er jetz eine Glockenhose anhat, oder einen Anzug. Vielleicht ist das leider ein typischer Lauf einer Bewegung, dass alles sehr homogenisiert wird, um sich zugehörig zu fühlen" (Interview 3a 23.10.2009).

Diese Homogenisierung führte bei einigen Beteiligten zu radikalen Auffassungen und diskriminierenden Sichtweisen, die grundlegenden Free Tekno Forderungen widersprachen:

> (...) Ich war so schockiert drüber, als mir Leut erzählt haben, dass sie beschimpft worden sind, weil sie nicht Tekno-mässig ausgschaut haben. Viele meinen, dass du nur ein Tekno bist, wenn du dich so anziehst. Ich weiß nicht, was in den Köpfen bei denen passiert, dass die sowas glauben" (Interview 3a 23.10.2009).

Der gemeinsame Dresscode fungierte in gewisser Weise auch als Schutzmechanismus und Ausschlußkriterium, um schnell „erkennen“ zu können, wer „nicht“ dazu gehörte. Dieses widersprüchliche Verhalten wurde von vielen Szenemitgliedern kritisiert und derart extreme Sichtweisen verschwanden mit der Zeit wieder. Mittlerweile werden auf Free Parties wieder etwas heterogenere Kleidungsstile angetroffen (vgl. von Garbain, 2009):

> „Klar, du erkennts an Tekno schon sofort, aber es gibt jetzt kan richtigen Dresscode, oder so. I kenn viele Leut, die überhaupt net aussschaun, wie Teknos und trotzdem auf jeder Party die letzten sind auf der Tanzfläche. Das is eben das, warum i mi so wohlfühl in der Szene“ (Interview 1a 30.07.2009).

Abgesehen davon, dass die Präsenz der „Krocha“ auf Tekno Parties wieder etwas nachließ, führte dieses Thema zu vielen Diskussionen, die Einstellungen sichtbar werden ließen, die alles andere als „open-minded“ zu bezeichnen waren, und an einem Grundideal von Free Tekno vorbei zielten:

> „(...) aber bitte darum gings ja, dass genau solche Leut und wir sich treffen, obwohl wir so nichts miteinander zu tun haben und nur wegen der Musik. Das is ja das Geilste, dass die (Krocha) sich soweit öffnen, dass sie sagen eigentlich taugt ihnen die Musik voll. Das is ja eigentlich ur leiwand, dass die den Schritt wagen und aus ihrer heilen, teuren Welt herauskommen und in so eine Szene gehen, weil ihnen die Musik gfallt“ (Interview 3a 23.10.2009)

Gerade das Zusammenkommen unterschiedlichster Gesellschaftsgruppen war es, was schon die ersten Warehouse- und anderen Free Parties in England auszeichnete (vgl. Kap. 3.3.2.). Die gemeinsame Begeisterung für die Musik und der freie Zugang zu den Parties eröffnete die Möglichkeit, gesellschaftlich bedingte Strukturen zu überwinden. Der aufkommende Dresscode in der österreichischen Free Tekno-Szene wirkte dieser Entwicklung entgegen und produzierte Ausschlußkriterien, die in der ursprünglichen Ideologie nicht vorgesehen waren. Tendenzen zur Uniformierung werden in den verschiedensten Szenen vorgefunden. Ein gemeinsames Outfit lässt eine Gruppe sichtbar werden und dient prinzipiell dem Ausdruck menschlicher Zugehörigkeitsbedürfnisse. Darüber hinaus verbirgt sich im Dresscode zudem eine Symbolik, ein Orientierungsmerkmal. Diejenigen, die wissen, wofür das jeweilige Outfit steht, können sich erkennen und zuordnen. Das Risiko bei Symbolen besteht allerdings in ihrer Verwendung und Bedeutungszuschreibung. Wird ein Symbol verwendet, ohne zu wissen, wofür es steht, bzw nicht danach handelt, verfehlt es seine Botschaft („Nur weil jemand nach „Free Tekno" ausschaut, muss das noch lange nicht bedeuten, dass auch in diese Richtung gedacht wird".). Der Dresscode spielt aber, im Gegensatz zum gemeisamen shaken, eine weit weniger wichtige Rolle.

5.4.4. Yeaaah, gemmaaa, Voigaaas!!!

> „Der treibende Beat und die Vibrationen der Boxen beginnen mich in Schwingungen zu versetzen und ich fange an, mich im Takt des Sounds zu bewegen. Ein schnelles, kreisendes hin- und herwippen. Sofort spüre ich, wie sich Energie von unten nach oben in meinem Körper ausbreitet. Mein Körper beginnt sich wie von selbst zu bewegen. Dann kommt die nächste Sound-Ebene dazu und meine Bewegungen fließen in die Musik über. Acid-Sound. Auf einmal ein Break, gefolgt von klopfendem Bass und Acid-Lines. Langer Break und auf einmal setzen die schnelleren bpm wieder ein und der DJ nimmt mich mit auf eine Achterbahn der Bewegungen und ich spüre die Energie, die durch mich durchfließt. Ichschaue nach links, schaue nach rechts und grinse die Tanzenden um mich an. Sie grinsen zurück. Und gleichzeitig gemeinsam, sowie jeder für sich allein, haben alle Teil an dem Energiefeld, das uns umgibt" (Erfahrungsbericht, 25.04.2009).

Tanzen = Freude, Spaß, Ausgelassenheit, Energie, Verbundenheit, Extase, Glück, Befreiung, Reinigung, Verausgabung, Zufriedenheit, Öffnung, Erweiterung, Kraft, Bewegung, Hingabe...

Kulturen aller Zeiten haben Tanz und Musik (vorallem repetitive Trommelrhythmen) im Rahmen von rituellen Handlungen dazu genutzt, den Menschen in einen Zustand zu versetzen, der ihn auf andere Bewusstseinsstufen führen sollte. In der westlichen Kultur wurden die vielfältigen Tanz- und Trance-Rituale von der christlichen Kirche vor allem im Spätmittelalter als heidnisch-dämonische Kulte diffamiert und weitgehend ausgelöscht (vgl. Rätsch 1998; Sterneck 1999). Das stundenlange Tanzen zu monotonen Rhythmen war auch von Beginn an ein kulturdefinierendes Merkmal der gesamten Electronic-Dance-Music-Culture, und wurde oft mit schamanischen Tanzdrogen-Ritualen verglichen (vgl. Kap. 4.4.1.). Auch auf Free Parties steht das Tanzen bei vielen Besuchern im Mittelpunkt und stellt einen wichtigen Beweggrund für den Besuch einer Party dar:

> „Der Sound und das Tanzen warn dann die Hauptgründe, um auf Parties zu gehen. Da bin ich dann mit der Zeit reingekippt. Ich mein das Soziale is natürlich genauso wichtig oder wichtiger noch, um auf diese Parties zu fahren, aber was ma dort gmacht haben, war ziemlich viel tanzen" (Interview 3b 01.04.2009).

> „Das Tanzen spielt für mich a riesige Rolle. Also i merk das einfach, wenn i jetz zwei Wochen net weg war, und dann wieder tanzen geh, hab i so a Zufriedenheitsgefühl in der Früh, voll schön (...) Der Sound und das Tanzen is eigentlich für mi des, warum i auf a Party geh. I kann ma das Fortgehn anders nimmer vorstelln" (Interview 1a 30.07.2009).

> „Also a Party ohne tanzen, des geht garnet. Tanzen is der Ausdruck meiner Freude! Tanzen spült für mi a große Rolle, deswegen geh i auf Party, i wüll durt tanzen und mein Geist und mei Seele baumeln lassen" (Interview 5b 15.06.2009).

Der rhythmische Sound und die Bewegungen dazu haben oft einen harmonisierenden und befreienden Effekt auf tanzende Menschen und das intensive Tanzen ermöglicht häufig eine Öffnung und Erweiterung des Geistes:

> „Der Beat und der Sound treiben einen auf die Tanzfläche und schon befindet man sich in einem ganz neuen Energiefeld, jenseits von Logik und Verstand, hüpfend und tanzend bis einem der Schweiß in großen Tropfen auf der Haut herunterperlt, mit allen anderen im Einklang tanzend und tobend bis zur völligen Ekstase" (Cousto 1995:42).

Wenn eine gute Party ihren Höhepunkt erlangt, dann wird die Tanzfläche zu einem Energiefeld, das nicht greif- oder sichtbar, aber für alle Beteiligten spürbar wird. Die Körper der Tanzenden bewegen sich wie von selbst zu den repetitiven Rhythmen, während sich die Wahrnehmung auf das Hier und Jetzt fokussiert (vgl. Sterneck 1999). Viele Partybesucher tanzen oft bis zur Erschöpfung und finden sich manchmal in Trance-ähnlichen Zuständen wieder:

> „Beim Tanzen spür i jeden einzelnen Körperteil von mir, da spür i so richtig die ganze Kraft und Energie, und i spür die Bässe und mach die Augen zu und tanz und krig zwei, drei Stunden lang nix mit. Des is anfach schen, bis in die Trance" (Interview 5b 15.06.2009).

Abbildung 52: Tanzende auf einer Free Party, persönliches Fotoarchiv

> „Das is einfach das geilste Gefühl, wenn ma direkt vor den Boxen steht und die Augen zu macht. Also i kann mi da komplett verliern in der Musik und im Tanzen“ (Interview 1a, 30.07.2009).

Das gemeinsame Tanzen auf Parties kann Energien erzeugen, die die Tanzenden miteinander verbindet, und die Intensität des Erlebten enorm steigert (vgl. Sterneck 1999). Der Rhythmus fließt in den gesamten Körper und öffnet das Bewusstsein für andere Wahrnehmungen. „Kippt“ man komplett in die Musik hinein, bewegt sich der Körper oft wie von selbst:

> „Es is das Geilste, dich mit der Musik zu bewegen. Seit dem weiß ich einfach, wenn ich so richtig dazu tanzen kann, dann taugt ma die Musik einfach und umgekehrt. Die Musik hat in mir Bewegungen hervorgelockt die ich noch nie vorher hatte“ (Interview 3a 23.10.2009).

Im Gehirn werden während des Tanzens Endorphine freigesetzt, die wie Opiate wirken und euphorische Glücksgefühle auslösen. Dadurch wird auch der Zugang zu sich selbst und zu anderen, sowie das Gefühl Teil einer Gruppe zu sein, intensiver wahrgenommen (vgl. Cousto 1995; Sterneck 1999):

> „(...) es tanzt jeder, und du schaust amal nach links, du schaust nach rechts, die Leit grinsen di an, es is schen. Und du hast das Gefühl, wir sand jetz alle miteinand a Bewegung, die jetzt tanzt“ (Interview 2a 30.07.2009).

> „Wenn die Musik in Bewegung is und nicht nur monoton, is das das Beste zum Tanzen. Da entstehn solche Glücksgefühle, wenns passt. Der eine tanzt so, der andere so, es muss einfach nur passen, fließen. (...) Es gibt da so zwei Seiten, entweder du tanzt nur für dich, oder du hast die Augen offen und schaust andere an, und schaust, dass dich wer anschaut, damits wieder weiter geht. Das is das Coolste“ (Interview 3a, 23.10.2009).

> „Wennst spürst, wie aner neben dir voll abgeht und du so: he taugts dir a so wie mir? Und er so: ja voi! Des is so cool!“ (Interview 5b 15.06.2009).

Das Tanzen bewirkt in diesem Zusammenhang eine Gleichzeitigkeit von Selbst- und Gemeinschaftserfahrung, die durch den tanzenden Körper erzeugt und als kollektive Ekstase erlebt werden kann (vgl. Klein 2001). Wie jede elektronische Musikrichtung hat auch Tekno eine bestimmte Art zu Tanzen hervorgebracht. Lässt man sich auf den Rhythmus ein, können die ersten Grundbewegungen ein Hin und Her Wippen des gesamten Körpers umfassen, wobei leicht in die Knie gegangen wird. In erster Linie wird am Platz getanzt, wobei der Oberkörper in kreisender Weise vor und zurück bewegt wird. Die Arme befinden sich oft etwas angewinkelt links und rechts am Körper und unterstützen die rhythmischen Bewegungen der „bouncenden“ Beine. Je nach Geschwindigkeit und Vielseitigkeit des Sounds können weitere Bewegungen auf die Rhythmen antworten.

Nachdem intensiv getanzt wurde, und langsam Erschöpfung und Müdigkeit eintreten und eine innere Zufriedenheit und Harmonie verspürt wird, beginnt auf länger andauernden Parties, oder Teknivals, für viele oft erst der eigentliche Prozess:

> „Und danach, nachdem alle abgeshaked haben und glücklich und zufrieden sind, beginnt der eigentliche Prozess von dem Ganzen. Weil dieses Shaken miteinander, das vor den Boxen stehn is für mich so der Übergang in die Welt. Dann, wenn das vorbei is, alle glücklich und befreit sind, geht's ab auf die Wiese und du fangst an zu reden und kreativ zu werden“ (Interview 4a 22.11.2009).

Das Tanzen zu monotonen Rhythmen wird immer wieder mit der Einnahme verschiedener Drogen kombiniert, um das Erlebte zu intensivieren (vgl. Cousto 1995; Hitzler 2001; Klein 2001). Vorallem psychoaktive Substanzen ermöglichen ein tieferes Einlassen auf die Musik und eine intensivere Wahrnehmung der einzelnen Sounds. In Zusammenhang mit Free Tekno Parties wird immer wieder der Vorwurf eines übermäßigen Drogenkonsums laut. Inwiefern Drogen eine Rolle spielen und welche Substanzen bevorzugt auf Free Parties konsumiert werden, soll im folgenden Kapitel näher auf den Grund gegangen werden.

5.4.5. Just all about drugs?

Wie jede Entwicklung der einzelnen elektronischen Musikgenres, ging auch die von Free Tekno Hand in Hand mit dem Konsum diverser Drogen[66] (siehe Kap. 3.1., 4.4.1.), die auch in der internationalen Free Tekno-Bewegung als ein szenetypisches Merkmal ihren Platz einnahmen (wobei länderspezifische Tendenzen für den Vorzug bestimmter Substanzen beobachtet werden können). War zu Beginn der aufkommenden Free Party-Bewegung in England Ende der 80er Jahre noch vermehrt MDMA als Partydroge unter den Beteiligten angesagt (vgl. Kap. 3.2.), veränderte sich diese Präferenz in der aufkommenden Free Tekno-Bewegung. Der Konsum verlagerte sich von MDMA zu mehr stimulierenden und psychoaktiven Drogen, wie Amphetamin, LSD oder Ketamin. Haben diverse Drogen, wie Amphetamine oder Kokain maßgeblich zur Erhöhung der Bpm bei Tekno-Musik beigetragen, waren diese und andere Substanzen auch in Österreich mitunter ein Grund für den ersten Besuch einer Free Party:

> „Ja in erster Linie wars einfach so wie's is, über die Drogen. Da hast die und die Leut kennenglernt und dann hast ghört, ja da gibt's die Art von Musik (...) Und dann hab i ghört illegale Teknoparty, super Drogen, und dann sama halt amal hingfahrn. Und am Anfang war des wirklich nur die Lust auf Drogen und Null Verständnis für Musik. Das is dann halt mit der Zeit kommen, so mit der Neugierde, was steckt da dahinter, die ganzen Boxenwände und so. Und durch

66 Als Drogen werden in diesem Zusammenhang alle legalen und illegalen Substanzen zusammengefasst, die in irgendeiner Weise die körperliche und/oder psychische Wahrnehmung beeinflussen.

> des bin i eigentlich dazukommen und dann hat mi des Ganze a bissl gfesselt und jetz bin i 25 und hupf immer no durt ummatum" (Interview 5b 15.06. 2009)

Die Annahme, qualitativ hochwertige Drogen auf Free Parties vorzufinden, und die Neugier, erste Drogenerfahrungen zu realisieren, motivierte viele für den Besuch einer Free Party. Bei anderen Beteiligten vollzog sich der Zugang zur ersten Party über eine andere Schiene:

> „(...) ja mein erstes Festl war das CzechTek 2003. Ich hab jahrelang bis ich 19 war mir nichts reinghaut, weil das Interesse auch nicht da war, ich hatte den Zugang über die Musik" (Interview 3a 23.10. 2009).

> „I bin eigentlich über Goa Parties zum Tekno kommen und die erste Party hat mi so begeistert, dass i seitdem eigentlich nur noch auf Tekno Parties geh" (Interview 1a 30.07.2009)

In Kombination mit der Musik und dem gemeinsamen Tanzen eröffnet sich auf einer Free Party ein Raum, in dem die Möglichkeit besteht einen konstruktiven Umgang mit verschiedenen Drogen zu erlernen. Bestimmte Drogen können den Zugang zur eigenen Person erleichtern, menschliches Miteinander begünstigen und kommunikativen Austausch fördern (vgl. Sterneck 1999; Schroers 2001):

> „Also es hat alles zwei Seiten. Das is bei die Drogen a so. Einerseits is es was, was dir einfach auf a Art und Weise hilft, frei zu werden und für andere Gedanken offen zu sein und einfach einmal die Welt so auf di zukommen zu lassen und dich auch für andere Menschen öffnet. Du bist einfach viel freier was zuzulassen" (Interview 2a 30.07.2009).

Um einen konstruktiven Gebrauch von Drogen praktizieren zu können, ist das Erlernen eines verantwortungsbewußten Umgangs eine Grundvoraussetzung. Neben dem Wissen über die Wirkungsweise diverser Drogen und der Sicherstellung, keine verunreinigten Substanzen zu sich zu nehmen, sind auch die eigene psychische und physische Verfassung (Set), sowie das soziale und räumliche Umfeld (Setting) ausschlaggebende Faktoren, die entscheidend den Verlauf einer Drogenwirkung beeinflussen (vgl. Schroers 2001; Baumgartner 2007). Diese Rahmenbedingungen sind essentielle Voraussetzungen, um Risiken und Gefahren bei Drogenkonsum zu reduzieren. Dieser Anforderung werden jedoch viele Party-Teilnehmer (das betrifft auch Teilnehmer anderer elektronischer Musik-Parties) nicht gerecht.

Die fehlende Verantwortung in der Handhabung mit diversen Drogen ist unter anderem darauf zurück zu führen, dass in der Mehrheits-Gesellschaft das Thema Drogen tabuisiert, bzw. aus einer falschen Intention heraus, diskutiert wird. Das Ziel der meisten Drogen-Diskurse ist nicht darauf ausgerichtet, jungen Menschen die Gefahren und Risiken, sowie bereichernde Aspekte von Drogenkonsum aufzuzeigen, sondern den Konsum von vornherein zu unterbinden und unter Strafe zu stellen. Dies führt dazu, dass vorallem neugierige, junge Menschen trotz der möglichen, strafrechtlichen Konsequenzen, Drogen konsumieren und oft mit ihren Erfahrungen alleine gelassen, und mit den gewonnenen Erkenntnissen sich selbst überlassen werden:

> „Wir werden mit all diesen Erfahrungen eigentlich voll allein stehengelassen, weil wirs nicht dürfen, aber wir machen's ja trotzdem, und so wird's halt voll verschwiegen" (Interview 3a 23.10.2009).

Das Fehlen eines wertfreien Diskurses im öffentlichen Raum über Drogenkonsum bzw das Nicht-Thematisieren der positiven Effekte vieler Drogen hat eine lange Tradition in der Menschheitsgeschichte (vgl. Cousto 1995; Sterneck 2003). Die konstruktiven Aspekte vieler Drogen werden durch Gesetze tabuisiert und befördern Drogenkonsumenten automatisch in einen illegalen Raum. Eine detaillierte Auseinandersetzung mit der Geschichte der Drogengesetzgebung lässt erkennen, dass viele Gesetze in erster Linie aus wirtschaftlichen oder politischen Gründen erlassen wurden, und weniger, um den Schutz der Gesundheit der Bevölkerung sicher zu stellen (vgl. Cousto 1995).

Eine Free Party eröffnet in diesem Zusammenhang eine Möglichkeit, auf das Thema Drogen nicht mit Verbot und Strafe einzugehen, sondern in einem freien Raum einen verantwortungsvollen Umgang damit zu erproben. Leider scheitert eine bedachte Handhabung auch in diesem Raum oft an fehlender Eigenverantwortung, mangelnder Kommunikation und an gelebten Vorbildern. Drogen werden besonders bei Jugendlichen häufig im Kontext von „sich- behaupten" und „gegenseitigem Übertreffen" konsumiert, indem man sich „bumzua" macht, und weniger aus der Intention heraus, sich selbst zu erweitern. Genau an diesem Punkt setzt aber die eigentliche Thematik an. Werden Drogen ausschließlich konsumiert, um sich aus einer negativen oder gleichgültigen Stimmungslage zu befreien, wird der eigentliche Sinn dabei verfehlt. Ein unreflektierter Umgang führt oft zu Missbrauch, der in psychischer und/oder physischer Abhängigkeit enden kann. Werden gewisse Substanzen als positive Erweiterung des Selbst in Betracht gezogen, kann ihr Konsum, bei entsprechend bewusster Verarbeitung, das Potential dieser Drogen entfalten. Als losgelöstes, unreflektiertes Wochenenderlebnis eröffnen besonders psychedelische Erfahrungen oft eine Scheinwelt, die schnell eine selbstzerstörende und nicht zu kontrollierende Dynamik entwickeln kann (vgl. Huxley 1989; Sterneck 2003; Hofmann 2007).

Hier liegt nicht die Intention vor, Jugendliche zu Drogenkonsum anzuregen, sondern die Forderung, sich auf die Tatsache einzulassen, dass viele Jugendliche und Erwachsene Drogen konsumieren, ob mit oder ohne Hintergrundwissen (vgl. Cousto 1995). Gegenseitiger Austausch von Erfahrungen und Erkenntnissen, sowie die Möglichkeit ungestraft darüber kommunizieren zu können, würde einen verantwortungsvolleren und bewussteren Umgang mit Drogen fördern:

> „Wenn ich jetzt 18 Jährige seh, die sich's nur reinstopfen, muss ich denen nur kurz einmal sagen: he weißt eh, dass wir das mit 18 noch nicht so gmacht haben. Es is normal, wenn du dir jetzt noch nicht so viel reinhaust. (...) Das seh ich dann als meine Verpflichtung, denen das kurz zu sagen, dass das nicht so normal war bei uns, sondern auch eine Entwicklung durchgmacht hat. Ich hätt mich auch gfreut, wenn mir damals jemand was erklärt hätt. Ich hab mir halt das Wissen dann selber über Bücher gesucht oder Leut gefragt" (Interview 3a 23.10.2009).

Viele Drogenkonsumenten auf Free Parties zeigen diese Art eines selbstverantwortlichen Umgangs, viele nicht. Auch in diesem Zusammenhang zeigt sich eine von vielen Auswirkungen, die die Illegalisierung von Free Parties mit sich bringt. Der Verein CheckIt!, der eine Risc-Reduction-Politik bei Drogenkonsum vertritt, und auf verschiedensten, legalen Parties Aufklärungsarbeit leistet und die Möglichkeit anbietet, Drogen auf ihre Inhaltsstoffe testen zu lassen, wird so gut wie nie auf illegalen Tekno Parties angetroffen.[67] Aber gerade hier wäre dieses Angebot gefragt, da der Drogenkonsum für einige Tekno-Party-Besucher zur Party dazugehört (vgl. Baumgartner, 2007):

> „Es gibt kaum a Party, wo i kane Drogen nimm. I trink dafür, wenn i auf a Party komm, a Bier und danach eigentlich nur noch Wasser. Also beim shaken hab i

67 vgl.http://www.checkyourdrugs.at/data/_static/beratung/index.html, 28.01.2010

> immer mei Wasserflasche bei mir. Aber Speed und so ziag i eigentlich auf jeder Party" (Interview Ia 30.07.2009).

Auf Free Parties in Österreich dominieren, neben Alkohol und Nikotin, Stimulanzien, darunter vorallem das umgangssprachlich als Speed[68] bezeichnete Amphetamin. Aufgrund ihrer aufputschenden Wirkungsweise verwenden viele Konsumenten diese Droge, um körperliche Ermüdungserscheinungen hinaus zu zögern und zusätzliche Energie für das Tanzen zu erhalten. Speed Konsum verlangt den Usern ein hohes Maß an Eigenkontrolle ab, da diese Substanz ein beträchtliches, psychisches Abhängigkeitspotential besitzt und bei übermäßigem Gebrauch häufig Angstzustände, Reizbarkeit und Schlafstörungen zur Folge haben kann. Liegt ein hoher Amphetamin-Konsum auf Parties vor, ist das Cousto (1995) folgend unter anderem auf das Fehlen eines Chill-Out Bereichs (Ruhe-Bereich) zurück zu führen. Im Vergleich zu Goa-Parties, spielt der Chill-Out Bereich auf Tekno Parties eine weniger große Rolle bzw ist oft aus mehreren Gründen nicht vorhanden (das betrifft in erster Linie Free Parties im Winter, die in leerstehenden Lagerhallen stattfinden). Ein Chill-Out Bereich stellt aber einen sinnvollen Raum dar, in dem nach intensivem Tanzen ausgeruht werden kann. Ist dieser Raum nicht vorhanden, ist die Wahrscheinlichkeit, dass auf Stimulanzien zurückgegriffen wird, um der aufkommenden Erschöpfung entgegen zu wirken, erhöht (vgl. Cousto 1995).

Auch Substanzen wie LSD oder Psylocybin sind häufig konsumierte Drogen auf Free Parties. Gerade der Gebrauch von psychedelischen Drogen erfordert ein hohes Maß an Selbstverantwortung und die Fähigkeit, die gewonnenen Erfahrungen ausreichend zu reflektieren:

> „Mir hats a kaner erklärt und meine ersten drei Trips warn die Hölle. Des war von super leiwandes Hochgefühl zu ‚ma i wü ham'. Und irgendwann hab i des

---

68 Speed wurde 1887 erstmal synthetisiert und in den 20er und 30er Jahren zur Behandlung von Neurosen, Depressionen, Epilepsie oder Fettleibigkeit eingesetzt. Darüber hinaus wurde die Substanz auch als Stimmungsaufheller von verschiedensten Menschen verwendet, in vielen Kriegen Soldaten zur Leistungssteigerung verabreicht und im Leistungssport als Dopingmittel benutzt. Seit der Hochkonjunktur des Rock 'n' Roll in den 50er Jahren, spielte Speed in allen folgenden Jugendkulturen eine maßgebliche Rolle (vgl. http://www.checkyourdrugs.at/data/_static/beratung/index.html, 07.02.2010). Weiterführende Informationen über diese und andere Substanzen können auf folgenden Seiten nachgelesen werden: http://www.dancesafe.org/documents/druginfo/speed.php, http://www.drugtext.org/index.php?option=com_content&view=article&id=22&Itemid=23, 08.02.2010).

> überrissen, dass der Gemütszustand und wiest mit dir selber im Reinen bist, a große Rolle spielt. Weil wennst mit dir selber net kannst, oder wennst psychisch labil bist, solltest dir keine Trips reinhaun" (Interview 5b 15.06. 2009)

Der leichte Zugang zu, und der leichtfertige Umgang mit psychedelischen Drogen auf Free Tekno Parties, sind zu hinterfragende Aspekte, da psychedelische Erfahrungen nicht nur zur Befreiung von inneren Blockaden führen können sondern auch Einblicke in bedrohlich wirkende Seiten der eigenen Existenz geben können. Speziell bei höheren Dosierungen gestalten sich die Grenzen zwischen einer positiven Erfahrung und den tiefen Abgründen der Psyche oftmals fließend. Reizüberflutungen, quälende Sinnfragen, Halluzinationen und tiefgreifende Angstzustände können psychoseartige Verfassungen auslösen (vgl. Sterneck 1999; Comer 2000; Hofmann 2007):

> „Nachdem solche Drogen vü zu leicht verdealt werden, is des wohl oder übel so, dass es vü zu vü aushacklt und es vü psychisch Geschädigte gibt. Weil es macht di ja wirklich deppat. Wannst es net unter Kontrolle hast, macht's di deppat. Und es macht di paranoid, und es macht di ängstlich. Es is halt ka Spielzeugdroge" (Interview 5b 15.06.2009).

Der Konsum von LSD und anderen psychoaktiven Substanzen erfordert gleichzeitig mehrere Bedingungen, die viele User nicht kennen bzw sich nicht ausreichend darüber informieren. Hier liegt die Verantwortung nicht nur bei der Gesellschaft, eine adäquate Aufklärungspolitik zu betreiben, sondern auch bei den Usern, sich in Zeiten von Wikipedia und weit verbreitetem Internetzugang (zumindest in den westlichen Teilen der Welt), selbst schlau zu machen und sich im Idealfall mit Freunden und anderen Bezugspersonen auszutauschen:

> „Ich hab Freunde ghabt, die mir gsagt haben, das gibt es, so und so wirkt es. Ich bin nicht gezwungen worden. Bei mir war's halt die Neugierde, und ich bin sehr vorsichtig an das rangangen (...) und ich hab mich sehr viel damit befasst, Bücher gelesen, mich informiert. Es hat mich total interessiert. Und das find ich wichtig, dass man sich damit auseinandersetzt und nicht nur konsumiert" (Interview 4a 22.11.2009).

Das von Freunden vermittelte Handlungswissen ermöglicht Usern adäquate Gebrauchspraktiken im Umgang mit Drogen zu erlernen (vgl. Schroers 2001).

Wissen viele Konsumenten über positive Wirkungsweisen vieler Drogen Bescheid, fehlt oft ein ausreichendes Bewusstsein über mögliche, negative Konsequenzen bzw ein angemessener Umgang damit:

> „Es kann aber soweit gehen, dass es irgendwie einengend is, dass die Leut sich fertig machen dadurch, vorallem a ihren Körper total hinig machen. Und i hab's halt leider scho bei gnug Leit gsehn, dass es anfach a total Scheiße sein kann und dass ma damit umgehen können muss“ (Interview 2a 30.07. 2009).

Ketamin[69] stellt in diesem Zusammenhang eine besonders riskante Substanz dar und hat nachhaltige Spuren in der Free Tekno-Bewegung hinterlassen (vgl. „Ketamin gonna kill Techno“, Tekno-Track von 69db, SP23). Die Droge richtet besonders hohe Anforderungen an Konsumenten, da sie zwei gegensätzliche Wirkungen auslöst, die kombiniert mit anderen Substanzen zu lebensbedrohlichen Situationen führen können. Ketamin, ein dissoziatives Anästhetikum, wird sowohl in der Humanmedizin als auch in der Veterinärmedizin für Betäubungszwecke eingesetzt. Die schmerzlindernde und betäubende Wirkung wird darüber hinaus von einer psychoaktiven Wirkung begleitet, die stark von der Konsumweise und der Höhe der Dosis abhängt. Der Konsum kann eine fragmentarische Auflösung der Umwelt und des Körperempfindens zur Folge haben, was bis zu Gefühlen von Ich-Entgrenzung und Ich-Auflösung führen kann (vgl. Baumgartner 2007):

> „Es war wie lauter kleine Kurztrips und du wirst süchtig danach. Aber je länger du drauf bist, umso ärger wird's. (...) Ich hatte die totale Ich-Auflösung, es war alles leer, mich hat's nicht mehr gegeben, mein Körper war weg, ich war nicht mehr da“ (Interview 4a 22.11.2009).

Darüber hinaus kann es zu geschmacks-, geruchs- oder akustischen Wahrnehmungsveränderungen kommen, die durch Bewegung zu Übelkeit führen können, weshalb ein Ketaminrausch in liegender Weise empfohlen wird. Aufgrund des verminderten Schmerzempfindens steigt das Risiko der Verlet-

---

69 Ketamin wurde 1966 als Ersatz für Phencyclidin (PCP) vom US-Amerikanischen Pharma-Konzern Parke-Davis auf den Markt gebracht. Es wurde sowohl von der US-Armee als Narkosemittel für Soldaten im Vietnamkrieg eingesetzt, als auch von Forschern und Psychiatern zur Erforschung des Bewusstseins genutzt (vgl. Baumgartner, 2007).

zungsgefahr. Besonders in Kombination mit sogenannten „Downers"[70] können sich die entspannenden und beruhigenden Effekte beider Substanzen gegenseitig verstärken, was zu Atemdepressionen und Atemstillstand führen kann (vgl. Baumgartner 2007). Ketamin ist vorallem in der italienischen Free Tekno Szene sehr beliebt und weit verbreitet. Im Vergleich dazu ist diese Droge auf österreichischen Free Parties gegenwärtig in Maßen anzutreffen (vgl. von Gabain 2009).

Im Allgemeinen wird der relativ offene Umgang mit Drogen auf Free Parties von vielen Besuchern als positiv wahrgenommen und der Anspruch auf Drogenkonsum, unter bestimmten Voraussetzungen, befürwortet:

> „Ein Recht auf Rausch, wenn ichs salopp formulier, aber bedacht, wissen, was man tut. Zu jung anfangen is net so gut. Ich selber hab mit 18 das erste Mal kifft, dann mit 21 zum kiffen angfangen, dann mit 22 Schwammerln gnommen und erste psychedelische Erfahrungen gsammelt und dann ein Jahr später den ersten Trip. (...) Aber Drogen sind für mi jetz kein Muß, weil ich so auf die Musik steh, und wenn die Musik passt, dann brauch ich nix mehr" (Interview 2b 24.02.2009).

> „Das Wichtigste is, dass sich die Menschen wohlfühln, und dass halt die, die Drogen nehmen, auch Rücksicht auf die andern nehmen" (Interview 2b 30.07.2009).

Stellt das Konsumieren diverser Drogen für manche Besucher den ausschließlichen Grund für die Teilnahme an einer Free Party dar, gibt es viele Beteiligte, die darüber hinaus, nach wie vor, mehr damit verbinden. Eine Free Party eröffnet, neben der Möglichkeit einen verantwortungsbewußten Umgang mit Drogen zu erproben, auch einen temporären Freiraum, der mehr zu bieten hat, als reinen Drogenkonsum.

---

70 Downers sind unterschiedliche Substanzen, die alle beruhigend und entspannend auf Körper und Geist wirken und ein hohes physisches wie psychisches Abhängigkeitspotential aufweisen,wie beispielsweise Benzodiazepine, Barbiturate und Opioide (vgl. Baumgarntner, 2007).

5.5. Freiräume und politische Aktionen

5.5.1. Freiräume

> „Menschen brauchen Platz, um sich – abseits des Kulturverständnisses der Herrschenden und der von ihnen aufgezwungenen Normen – nach eigenen Lebensvorstellungen verwirklichen zu können!“ [71]

Dieser aus der Punk-Bewegung hervorgehende Anspruch auf Freiräume war von Beginn an auch eine grundlegende Forderung der Free Tekno-Bewegung (vgl. World Traveller Adventures, 2004). Die internationale Verbreitung von Free Tekno hing, wie bereits erwähnt, stark mit der Vernetzung der internationalen, autonomen Hausbesetzer-Szene zusammen, bzw fand durch sie große Unterstützung. Spiral Tribe trafen gleichgesinnte Menschen auch überall dort an, wo es autonome, selbstorganisierte Räumlichkeiten gab; ob in Rom in einem Squat, in Wien in der Arena, oder in Berlin im Tacheles. Dieser Aspekt ist bis heute zum großen Teil erhalten geblieben. Finden Tekno Parties gegenwärtig in legalen Locations statt, dann hauptsächlich in Gebäuden mit besetzter Geschichte. Bei manchen Räumlichkeiten (EKH) begann diese Geschichte erst in den 90er Jahren, andere (Arena, Flex) konnten bereits auf eine längere zeitliche Entwicklung als selbstverwaltete, hierarchielose Kulturvereine zurückblicken. Mittlerweile – bis auf wenige Ausnahmen – sind die meisten dieser Veranstaltungsorte einer profitorientierten Logik unterworfen worden und haben nicht mehr viel mit autonomen Kulturvereinen gemein.

Kommen Menschen auf einer Free Party zusammen, um gemeinsam zu feiern, dann kann im Idealfall für einige Stunden ein Freiraum bzw. im Sinne von Hakim Bey (vgl. Bey 1991) eine „temporäre autonome Zone“ entstehen, in der zumindest der Ansatz eines anderen Lebens für kurze Zeit Realität werden kann:

> „Also I man Party is ja dann so die temporäre autonome Zone, und die is a nur für den Moment da und es is jetz aber ka ganze Welt die sich ständig um die ganze Gesellschaft dreht. Es is anfach nur a Ausflucht für an gewissen Zeitraum“ (Interview 2a 30.07.2009).

Auf der Suche nach unabhängigen Enklaven in der Geschichte der Menschheit stieß Bey auf Informationsnetzwerke von Seeräubern des 18 Jahrhunderts und auf weitere Formen autonomen Zusammenlebens. Ausgehend von

71 http://www.pankahyttn.isdrin.at/ 20.10.2009

diesen geschichtlichen Beispielen formulierte Bey sein Konzept der temporären, autonomen Zone, das er als einen Vorschlag betrachtete. Die TAZ stellte seinem Verständnis nach einen Aufstand, einen Moment dar, der den Lauf der Geschichte unterbricht und sich vorübergehend ereignet, um sich dann wieder aufzulösen und irgendwo anders zu reformieren. Wie bereits erwähnt sah Bey in der TAZ die geeignete Strategie, im Sinne einer Guerilla-Taktik ein Stück Land zu befreien und heimlich zu besetzen, um für eine gewisse Zeit die anarchistische Vorstellung einer freien Kultur ausleben zu können (vgl. Kap. 4.4.1). Bey ging es dabei um das temporär-lokale außer Kraft Setzen der herrschenden Ordnungen, mit dem Ziel, unvorhersehbare Begegnungen und Erfahrungen möglich zu machen und Räume zu schaffen, in denen eine andere, selbstbestimmtere Form der Gemeinschaft praktiziert werden kann. Auf dieses Konzept wird auch innerhalb der österreichischen Free Tekno-Bewegung Bezug genommen und bei der Organisation von Free Parties in die Praxis umgesetzt:

> „Jede Art, die irgendwie Räume außerhalb vom ganzen System schafft, hat a irrsinniges Potential, dass Leut die Möglichkeit erhalten, was Eigenes machen zu können" (Interview 2a 30.07.2009).

Die von Bey festgestellte Stärke und Verteidigungsstrategie der TAZ liegt in ihrer Unsichtbarkeit und Spontanität. Genau wie ein Aufstand, findet die Free Party im Moment statt und „erobert" einen Raum – im Idealfall ohne bemerkt zu werden – um sich nach dem Feiern wieder unentdeckt aufzulösen (in der Realität ereignet sich diese Vorgehensweise aufgrund polizeilicher Repressionen immer seltener, worauf ausführlicher im nächsten Kapitel eingegangen wird). Diese Taktik wird von den Beteiligten aufgegriffen und kommt in den kollektiven Handlungspraxen zum Ausdruck, wenn beispielsweise der Ort, wo die Party gefeiert wurde, danach so verlassen wird, wie er vorgefunden wurde. Optisch erinnern die Tarnnetze an die erstrebte „Unsichtbarkeit" (in erster Linie bei Out-Door-Parties), die oft über der Tanzfläche oder seitlich vor der Boxenwand aufgehängt werden. Bei In-Door-Parties wird dieses Element in erster Linie für Dekorationszwecke verwendet und verweist indirekt auch auf den Aspekt des Widerstands gegen die staatliche Vorgehensweise gegen Free Parties (vgl. Krapf 2001).

Die Möglichkeit, sich selbst in die Party einzubringen, hängt auch immer von der Dauer einer Free Party ab. Mittlerweile werden die meisten Free Parties in den frühen Morgenstunden von der Polizei aufgelöst und es bleibt nach dem augelassenen Tanzen meist nicht viel Zeit, um anderen Tätigkeiten nachzugehen. Teknivals eröffnen in diesem Zusammenhang eine länger andauernde temporäre autonome Zone, die das Umsetzen kreativer Prozesse begünstigt:

> „Das is immer so, die einen haben an Sieb mit und drucken. Die anderen kochen was, aber nicht nur für sich, sonder für mehr. Da gehst vorbei, bekommst was, setzt dich dazu, lernst automatisch neue Leut kennen. (...) Oder gemeinsam Schmuck machen oder Kleidung schneidern. Oder du legst auf. (...) Es kommen neue Leut auf's Teknival, du bist schon länger da, hilfst denen beim Zeltaufbaun. Oder he bemal ma an Bus. Dann sitzen einmal 10 Leut zam und überlegen, was drauf kommt. (...) Oder was schnitzen, oder trommeln oder jongliern" (Interview 4a 22.11.2009).

Je nachdem, welche Bedingungen vorgefunden werden, wird die Party an die Location angepasst, und der Versuch unternommen, Free Party-Forderungen wie „Respect the location" oder „Respect the others" umzusetzen. Auch auf zwischenmenschlicher Ebene eröffnen sich Möglichkeiten, sich neu zu begegnen:

> „Wann du auf Party bist, hast du anfach an freien Raum. Und es wird kaner angschaut, weil er so oder so ausschaut, es wird kaner beurteilt, auf irgendwelche Sachen reduziert, und du hast da wirklich so des Gfühl, es is völlig egal, wie i da jetz bin. (...) I kann mi so einfügen, wie's ma grad passt" (Interview 2a, 30.07.2009)

(Diese Wahrnehmung wurde eine Zeit lang von verschiedenen Personen, die äußerlich dem dominierenden Dresscode widersprachen, nicht geteilt. Mittlerweile wird von vielen Beteiligten wieder ein offenerer Umgang mit unterschiedlichen Äußerlichkeiten auf vielen Free Parties registriert (vgl. Kap. 5.4.2.).)

Die temporäre autonome Zone, die durch eine Free Party entsteht, bietet allen Beteiligten auch die Möglichkeit, den Raum als Experimentierfeld für alternatives Zusammenleben wahrzunehmen und wird in der Free Tekno-Bewegung unter anderem als „laboratory for selfdevelopement" aufgefasst. Bezugnehmend auf Spiral Tribes Track „Forward the revolution" wird auf einem internationalen Flyer die Revolution zur „Rave-o-lution". Selbstkritisch wird in diesem Text festgestellt, dass auch auf Teknivals längst nicht alle Ansprüche der Bewegung optimal umgesetzt werden, und das herrschende System auch in der Free Tekno-Bewegung mit seinen Hierarchien, Rassismen und Sexismen reproduziert wird. Wenn aber auch die Free Tekno-Bewegung nicht mehr als einen Spiegel des etablierten Systems darstellt, dann waren alle harten Kämpfe für Freiräume umsonst. Dieser Appell richtet sich an alle Beteiligten, diese übernommenen Denkmuster zu reflektieren und zu ändern. Die TAZ bzw die Free Party wird in diesem Zusammenhang nicht als reines Entertainment aufgefasst, sondern stellt den Anspruch an alle Beteiligten, den freien Raum zu nutzen, um selbst Verantwortung zu übernehmen und offen, neugierig und respektvoll aufeinander zuzugehen (vgl. S. 124).

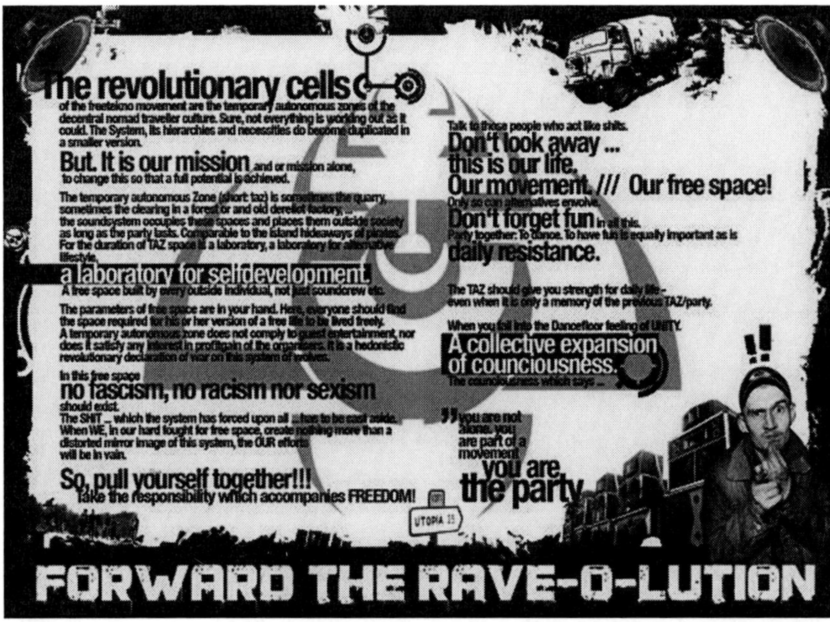

Abbildung 57: Forward the Rave-o-lution. http://www.myspace.com/freeteknomaden, 09.01.2010

Der freie Raum wird auch oft in dem Sinne missverstanden, dass alle tun und lassen können, worauf sie Lust haben. Dieser Freiheitsaspekt stellt prinzipiell eine Grundforderung der Free Tekno-Bewegung dar, darf aber nicht losgelöst von bestimmten Vereinbarungen verstanden werden. Andernfalls besteht die Gefahr, dass der rechtsfreie Raum schnell in ein Recht des Stärkeren umschlägt, wodurch wieder hierarchisches Denken und unterdrückende Verhaltensweisen gefördert werden.[72]

72 (vgl.http://www.malmoe.org/artikel/tanzen/1671, 20.01.2010)

Abbildung 53: Freiraum auf einer Free Party, persönliches Fotoarchiv

5.5.2. Party Politics

Damit das Zusammensein auf einer Free Party von allen als positiv erlebt werden kann, müssen sich die Beteiligten an bestimmte Grundsätze halten. Der Freiheitsanspruch stellt neben den vielen Möglichkeiten, die er eröffnet, gleichzeitig eine große Herausforderung an die Teilnehmenden dar, sich selbst als eigenverantwortliche Personen wahrzunehmen und dementsprechend zu handeln. Die bereits angesprochenen Free-Party-Aufforderungen, die im Internet auf diversen Homepages in Form des Tekalogue zu finden sind, werden auch in Österreich von vielen als gemeinsame Verhaltensnormen anerkannt und praktiziert:

> „Es geht darum, dass jeder sein Müll wegräumt und dass ma sei Umwelt um sich respektiert und dass ma die Leit respektiert. Dass ma zwar sei eigene Freiheit auslebt, aber bis zu dem Punkt, wo ma halt net wen andern damit einschränkt. Des wär halt ideal" (Interview 2a 30.07.2009).

Zu den „Party-Politics" gehört auch der erwähnte Umgang mit der Natur bei einer Out-Door-Party und einhergehend damit die Entsorgung des Mülls. Politisch ist ebenso, ob die Gäste eher gemeinschaftlich oder egozentrisch miteinander umgehen, sowie das Verhältnis der Geschlechter oder der Verzicht auf Starkult.[73]

In Folge des Anwachsens der Free Tekno Bewegung in Österreich kamen auch viele Menschen auf Free Parties, die mit anderen „Party-Regeln" vertraut waren. Für zahlreiche Neuzugänge stellte das Bezahlen von Eintritt für eine Party die Norm dar. Die dem Eintritt inhärente Logik hat aber häufig zur Folge, dass zahlende Personen das eigene Verantwortungsgefühl am Eingang aufgrund des gezahlten Betrags, abgeben (im Sinne von: „ich habe Eintritt gezahlt, dafür muss ich mich jetzt um nichts mehr kümmern"). Gegenseitige Hilfestellung wird plötzlich nicht mehr bereitwillig übernommen, sondern zu einem Fall für Securities. Eintritt reduziert darüber hinaus auch das intuitive Bedürfnis, selbst etwas beizusteuern, wenn man etwas erhalten hat, das Bedürfnis nach Reziprozität (vgl. Awart, 1993). Diese Verhaltensmuster werden von Neuzugängen auf Free Parties, trotz des unentgeltlichen Zugangs, oft fortgesetzt. Die Bedeutung von „Free" wird auch oft auf den kostenlosen Zugang reduziert. „Free" bedeutet nicht nur freien Zugang für alle, sondern auch die Aufforderung sich frei zu fühlen, sich, im Sinne des Konzepts der temporären, autonomen Zone, selbst einzubringen und selbst etwas beizutragen (Remember: You are the party). Damit sich aber diejenigen, die nicht mit den Free-Party-Aufforderungen vertraut sind, dementsprechend verhalten können, müssen sie von Eingeweihten darüber aufgeklärt werden. Immer wieder wird unadäquates Verhalten mancher Beteiligter beklagt. Auf die Möglichkeit, mittels Kommunikation besagte Personen darüber in Kenntnis zu setzen, wird jedoch weniger häufig zurückgegriffen. Nicht nur der Zustrom aus anderen Szenen verursacht immer wieder Reibungspunkte. Auch Beteiligte aus den eigenen Reihen vergessen wichtige Free Tekno Aufforderungen:

> „Es beginnt leider Gottes schon in den eigenen Kreisen, dass Leute sich nicht gegenseitig tolerieren, dass sie mit Sachen kommen, wie ‚du hast nicht das richtige Gewand an' oder ‚du gehörst nicht dazu, du gehst arbeiten', oder rotzfrech sind und anderes Eigentum nicht respektiern. Weil's einfach ein komplett falsches Bild vermittelt bekommen haben. Anarchie, Anarchie, das is das Einzige was jeder kennt. Aber was dahinter steht, wissen die wenigsten" (Interview 4a 22.11. 2009).

73 vgl. http://www.sterneck.net/musik/sterneck-polit-musik/index.php, 24.10.2009; http://de.wikipedia.org/wiki/Freetekno, 24.10.2009

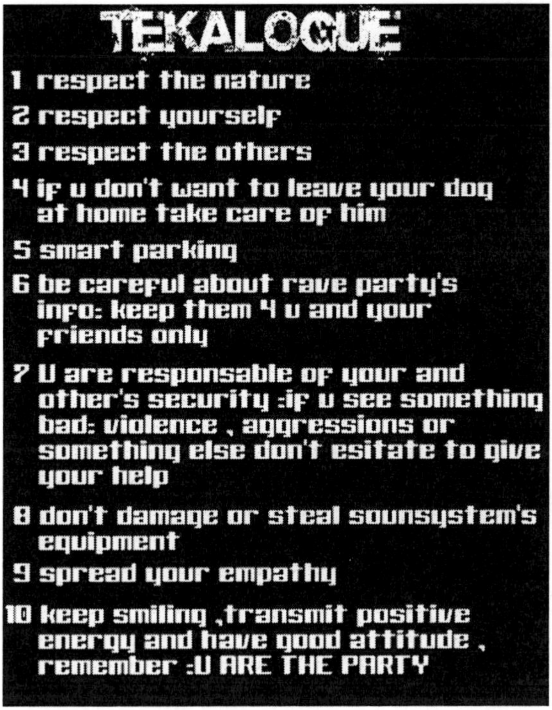

Abbildung 54: Tekalogue. vgl.http://shockraver.free.fr/shockraver.htm, 03.12. 2009

Frei sein, ohne jemanden über sich zu wissen, der einem sagt, was zu tun ist, erfordert ein hohes Maß an Eigenverantwortung, das in der vorliegenden Gesellschaft durch diverse hierarchische Strukturen bei vielen Menschen über die Zeit auf ein Minimum reduziert wurde („Warum soll ich mich darum kümmern? Das wird schon ein anderer machen. Sind eh so viele da, die auch reagiern könnten" etc.) Grundlegende selbstverantwortliche und selbstbestimmende Kompetenzen müssen von vielen Menschen erst wieder erlernt werden. Eine Free Party stellt in diesem Zusammenhang ein geeignetes Experimentierfeld dar.

Aufgrund der geschichtlichen Entwicklung der Free Tekno-Bewegung und der dargelegten „Party-Politics" erübrigt sich die Frage, ob Free Tekno politisch ist. Oft spielt die politische Komponente bei vielen Partyteilnehmern keine vordergründige, oder überhaupt keine Rolle, und vielen reicht die Beteiligung an einer Free Party als politische Stellungnahme an sich:

> „Ich hab das total genossen, dass die Message, das Politische einfach nicht ausgesprochen werden muss, sondern man macht diese Party und das ist genug Statement für sich. Man is einfach außerhalb der Gesellschaft, was Eigenes, was Selbst-Organisiertes, es is was Freies“ (Interview 3b 10.04.2009).

Neben dem Spaßfaktor, der einen ausschlaggebenden Grund für den Besuch einer Free Party sein sollte, verspüren einige Beteiligte das Bedürfnis, sich aktiv politisch zu engagieren, weshalb sich viele Sound Systeme und Party-People an diversen Demonstrationen beteiligen, wie beispielsweise der „Freeparade“, die ebenfalls auf eine geschichtliche Entwicklung zurückblicken kann, die in den 90er Jahren begann ...

5.5.3. *Free Party, Free Republic und Free Parade*

Als sich in Europa Anfang der 90er Jahre die Electronic-Dance-Music mit ihrer facettenreichen Party-Kultur ausbreitete, reagierten auch die Behörden in Österreich mit Clubschließungen, Sperrstundengesetzen und anderen Repressionen auf die immer größer werdende allgemeine elektronische Musik-Szene. Gegen diese behördlichen Vorgehensweisen formierte sich 1994, über alle musikalischen und sonstigen Gräben hinweg, Widerstand in Form einer Free-Party-Demonstration am Ring in Wien. Die „Free Party“ war, wie die ersten Love-Parades in Berlin, zunächst eine alternative Veranstaltung. Es dauerte allerdings nicht lange und die kommerziellen Begleiterscheinungen holten auch diese Parade ein, indem die „Free Party“ schließlich von den internationalen Love-Parade Organisatoren übernommen wurde. Daraufhin beschlossen einige engagierte Leute dem „Friede-Freude-Eierkuchen-Happening“ wieder eine Veranstaltung mit politischem Inhalt entgegenzusetzen, die „Free Republic“.[74]

Ausschlaggebend war der politische Regierungswechsel 2000, der unterschiedlichste Menschengruppen auf die Straße rief, um dagegen zu demonstrieren. Die erste „Free Republic“ fand am 07. Juli 2001 in Wien statt, um mit den Mitteln der DJ-Kultur und der Unterstützung von Sound lautstark zum Widerstand gegen die Bundesregierung aufzurufen. Die Demonstration ging von verschiedenen politischen Gruppen und Initiativen aus, die sich im Jahr davor als Reaktion auf die schwarz-blaue politische Wende formierten. Die verschiedenen Initiativen bündelten sich im Volks-

74 vgl.http://www.volkstanz.net/freerepublic/pressetexte.html, http://www.freerepublic.at/presse02_fal14.php, 15.02.2010

Abbildung 55: Free Republic Flyer Rückseite. http://www.freerepublic.at/flyerback01.php

tanz-Kollektiv, das seit 2000 jeden Samstag das partykulturelle Pendant zu den konventionellen Donnerstags-Demos darstellte, und explizit Position gegen Rassismus, Sexismus, Sozialabbau, gegen den Ausverkauf und die Kriminalisierung der Jugendkultur, sowie gegen den Paragrafen 209, und gegen Sperrstunden und Vergnügungssteuer bezog. Die „Free Republic" knüpfte an die Anfänge der „Free Party" an, wobei der Forderungskatalog ausgeweitet und auf das politische Klima in Österreich abgestimmt wurde.[75]

Die „Free Republic" fand 2002 ein weiteres Mal statt, wobei sich diesmal die Forderungen anlässlich des 3. Tages der freien Medien, vorrangig gegen ein Klima eingeschränkter Meinungsfreiheit, für freien Bildungszugang und das Recht auf Selbstorganisation richteten:

75 vgl.http://www.volkstanz.net/freerepublic/pressetexte.html, 15.02.2010

> „Eine breite Allianz aus Soundsystemen, DJs, Musikern, Initiativen aus dem Sozial- und Kulturbereich sowie Veranstalter soll anlässlich des 3. Tages der freien Medien aufzeigen, dass sich ‚die Plattenteller in Wien für eine Zukunft jenseits von Zwang, Bevormundung und Verdummung drehen'"[76]

Organisiert wurde die Demonstration zwei weitere Male, wobei sich immer mehr Free Tekno Sound Systeme daran beteiligten. Bereits 2003 begann die Polizei den Veranstaltern damit zu drohen, der Parade den politischen Charakter abzusprechen. Auch der eigentliche Veranstaltungsort der Parade, der Karlsplatz, wurde untersagt und die Demonstration fand schließlich zwischen Natur- und Kunsthistorischem Museum statt. 2004 wurde die „Free Republic" ein letztes Mal unter diesem Namen am Karlsplatz abgehalten.[77] In den darauffolgenden Jahren kam es erst 2007 wieder zu einer Demonstration dieses Formats, die in erster Linie von Jugendlichen und jungen Erwachsenen organisiert, und unter dem Namen „Freeparade" veranstaltet wurde.

Während die „Free Republic" mehr im Zeichen der Proteste gegen die schwarz-blaue Regierung stand, wandten sich die Forderungen der „Freeparade" gegen den allgemeinen neoliberalen Kurs der Politik. Darüber hinaus wurde das Recht auf Selbstbestimmung, mehr Freiräume, eine solidarische Produktion für Menschen statt Profite, allgemeines Bleiberecht, Gleichberechtigung für alle, Überwachungsstopp und einiges mehr formuliert.[78] Auch in den darauffolgenden Jahren machten die Slogans der „Freeparade" deutlich, worum es den Teilnehmenden ging: um selbstorganisierte, alternative Lebensformen zum derzeitigen System, und um die Bewusstmachung, dass tatsächliche Veränderungen in der Verantwortung jeder und jedes Einzelnen liegen.[79]

Da musikalische Vorlieben Geschmacksache sind, wurde bei der Organisierung der Demonstration versucht, vielseitige musikalische Soundbeschallung für die Parade zu mobilisieren. Die musikalische Beteiligung an der „Freeparade" reduzierte sich bald hauptsächlich auf Tekno, weshalb die Demonstration für viele den ausschließlichen Charakter einer Free Tekno Party erhielt; für einige Personen ein Grund, nicht an der Parade teilzunehmen. Wie schon ihre Vorgängerdemonstrationen hatte auch die „Freeparade" gleichermaßen mit

76 http://www.freerepublic.at/presse02_sta17.php, 15.02.2010

77 vgl. http://www.freerepublic.at/about04.php, 15.02.2010

78 vgl. http://www.technoboard.at/index.php?showtopic=34249, 15.02.2010

79 vgl. http://mayday.lnxnt.org/blog/?p=12, 15.02. 2010

polizeilichen Repressionen zu kämpfen, was den Organisatoren viel Energie und Durchhaltevermögen abverlangte.

Abbildung 56: Freeparade 2009 Flyer Rückseite. http://derstandard.at/1244460693207/Auf-die-Strasse-fertig-los, 17.02.2010

International beteiligten sich seit dem Entstehen der Free Tekno-Bewegung immer wieder diverse Sound Systeme an verschiedenen Demonstrationen, die sich auf die eine oder andere Weise gegen die herrschenden Lebensverhältnisse richteten.[80]

80 vgl. http://shockraver.free.fr/activism.htm, 16.02.2010

Die immer häufiger auftretenden polizeilichen Einschreitungen gegen Free Parties führten auch in Österreich zu ungünstigen Bedingungen, die das weitere Bestehen der Bewegung hierzulande nachhaltig beeinflussten.

5.6. Repressionen und ihre Folgen

Als Spiral Tribe gemeinsam mit Lego und anderen Sound Systemen die ersten Free Parties in Österreich organisierten, konnten die meisten Beteiligten lange Partynächte ohne rechtliche Konsequenzen miterleben, da die entstehende Szene noch neu und unbekannt war. Aufgrund des stetigen Anwachsens der Free Tekno-Bewegung über die Jahre blieb diese jedoch auch den Ordnungshütern in Österreich nicht verborgen. Anzeigen wegen Lärmbelästigung machten die Exekutive auf die selbstorganisierten Free Parties aufmerksam. Viele Sound Systeme konnten in den ersten Jahren mittels Kommunikation dennoch Kompromisse mit der Staatsgewalt aushandeln:

> „Früher, wo i angfangen hab auf Parties zu gehen, war des zumindest so, dass du reden hast können mit am Kiwara. Du hast ausmachen können ok um 12 zu Mittag samma weg und es is alles aufgramt. Und des hat teilweise gut funktioniert" (Interview 2a 30.07.2009)

Über Jahre hinweg war ein Verhandeln mit der Exekutive eine gängige Praxis. Dabei wurde nicht auf sinnlose Provokation abgezielt, sondern ein diplomatischer Ansatz verfolgt, der oft die Dauer einer Party verlängerte und Geldstrafen auf ein Minimum reduzierte. Durch die steigende Repression seitens der Staatsgewalt wurde die gesamte Szene samt Umfeld und ihren Besuchern kriminalisiert.[81] Die vermehrten negativen Medienberichte verstärkten den Druck, etwas gegen die „illegalen Drogen-Rave-Parties" zu unternehmen, woraufhin die Polizei immer weitere gesetzliche Möglichkeiten ausschöpfte, um Free Parties zu unterbinden:

> „In den letzten 5 Jahren haben's so vü Gesetzesänderungen und Verschärfungen gmacht, dass des leider nimmer so einfach geht. Zum Beispiel wegen steuerhinterzogener Ware, also die ganzen Getränke, die verkauft werden, die musst dann immer schnell verschwinden lassen, wenn die Bulln kommen. Und dann

81 vgl. http://www.malmoe.org/artikel/tanzen/1671, 16.02

> ham's di wegen Einbruch, wegen Ruhestörung, wegen nicht genehmigter Veranstaltung.(...) Und je nachdem, wie gut der amtsleitende Beamte drauf is, nimmt er dir nur das Mischpult weg und sagt schleich di in aner Stund. Oder es kann sein, dass er das komplette System beschlagnahmt und dir weiter am Oasch geht" (Interview 5b 15.06.2009).

> „Du mußt diesen Spagat machen, weil der Staat und die Regierung macht das unmöglich sowas legal zu machen. A Zeit lang wars möglich nur mit einer Spendenbox rumzugehn, wo dann auch genug zam kommen is. Das hat jahrelang funktioniert. Aber ab 2004 is es dann bergab gangen, ka Ahnung warum genau, aber die Polizei is immer mehr drauf aufmerksam worden" (Interview 4a 22.11.2009).

Neben der immer unnachsichtigeren Vorgehensweise seitens der Polizei, begann sich auch das Verhalten vieler Beteiligter auf Free Parties zu verändern. In der Anfangsphase konnten viele Teilnehmende die Macht einer Gruppe miterleben, woraus sich ein eigenes Selbstbewußtsein entwickelte, das sich souverän gegen die drohende Auflösung einer Party stellte:

> „Bei die ersten Parties war des Gefühl von die Leit ganz anders. Da war's klar ok wir gehen da net weg und da können no so vü Bullen kommen. Und jetz is, es hat sich anfach voll geändert. (...) Teilweise hab i des Gfühl krigt, die Leit die auf Party gehen, denen is a immer mehr alles wurscht. Teilweise geht's nurmehr um die Drogen und die Leit schern sich um nix anderes mehr" (Interview 2a 30.07.2009)

Der allgemeine Zusammenhalt nahm mit der Zeit ab und die Möglichkeit des gemeinsamen, gewaltlosen Widerstands wich immer öfter einer eigennützigen Logik. Die stetig höher werdenden Strafen und der Vorrang des Drogenkonsums bei einigen Beteiligten, trugen wesentlich zu dieser Dynamik unter den Partygästen bei und führten auch zu Sinnfragen bei einigen Sound Systemen:

> „Es is mit der Zeit der Kick mittlerweile nimmer so da, wie früher und wir sand halt mittlerweile soweit, dass ma nimmer anfach so wohin fahrn, weil ma anfach scho oft draufzahlt haben, was halt die Kiwarei betrifft. Also wannst amal 1000 Euro zahlt hast und deine Boxen beschlagnahmt worden sind, dann überlegst du halt" (Interview 2a 30.07.2009).

> „Wir haben jahrelang selber Parties gmacht, bis ma irgendwann amal a Straf von 2000 Euro zahlt haben, weil ma auf am Naturschutzgebiet gspült haben, und dann hama das Sound System aufglöst, weil's einfach zu teuer war, es hat sich nimmer auszahlt" (Interview 5b 15.06. 2009)

Der selbstlose Idealismus, das Engagement und die Begeisterung, die für die Organisierung von Free Parties nötig waren, wurden bei viele Sound Systemen auf eine harte Probe gestellt. Nicht nur polizeiliche Maßnahmen, sondern auch die weniger werdende Solidarität und Wertschätzung untereinander, ließ die Frage aufkommen, ob es noch Sinn macht Free Parties auf „illegaler" Ebene zu veranstalten:

> „(...) Und wir sind auch immer träger worden, weil es sich nimmer auszahlt hat. Es is nimmer gewürdigt worden. Es sind Sachen kaputt gmacht worden, du hast Schlägerein schlichten können, eine Strafe nach der anderen bekommen und die Leut warn einfach nicht mehr dankbar" (Interview 4a 22.11.2009).

> „I hab das Gfühl, des macht alles a Rückentwicklung durch irgendwie, weil die Leut stehn nimmer für das ein, wofür's gstanden is. (...) Weil wann i jetz a Party mach und da kommt die Polizei und die Leut ham nix besseres zu tun, als die Kiwara noch stinkata zu machen, anstatt das schaun, das des irgendwie geschlichtet wird und die Party weitergehn kann" (Interview 5b, 15.06.2009).

Das abweichende Verhalten von den impliziten „Party-Regeln" wurde immer häufiger und viele Mitglieder von Sound Systemen vermissten darüber hinaus eine gewisse Anerkennung der Partygäste für den Aufwand und das Engagement, die hinter der Organisation einer Free Party stehen:

> „I hab das Gfühl den Leutn is anfach wuascht wer durt steht, wer an Sound macht. Hauptsache es is illegal und es is laut, es hat an Druck und man kann sich schwer zua machen. Ob da jetz vü Arbeit dahiner steckt, ob die Leut Probleme krign oder meier gehen, über des macht sich kaner mehr Gedanken" (Interview 5b 15.06. 2009).

Die vorgefundenen Free Parties wurden von vielen Besuchenden als selbstverständlich wahrgenommen und viele Aspekte, die der temporäre autonome Raum eröffnete, traten in den Hintergrund. Verschiedene Beteiligte der ersten Generation sahen sich mit einer Entwicklung konfrontiert, die ihren ursprünglichen Sichtweisen entgegensteuerte und den notwendigen Idealismus und den Glauben an die Sinnhaftigkeit von Free Parties minderte (vgl. Kap. 5.1.):

> „Man stumpft ab, das is das Problem. Der Idealismus geht verlorn. Früher hama glaubt wir können alles verändern. Demonstrationen, gemeinsam in einer Gruppe stehn und schrein und die Polizei hat keine Chance, weil ma zuviele warn. Man hat sich früher so stark gfühlt, man hat die Kraft ghabt und daran geglaubt. Mittlerweile fehlt mir auch der Glaube daran" (Interview 4a 22.11.2009).

Viele Systeme sahen sich, abgesehen von der nachlassenden Wertschätzung seitens der Partyteilnehmenden, auch mit dem Problem konfrontiert, geeignete Räume zu finden, um ungestört Free Parties veranstalten zu können:

> „Das größte Problem is mittlerweile das Locationproblem. Das is unser größter Kampf mittlerweile. Früher hat ma was gfunden, an Stanbruch ja passt mach ma Party. Jetzt überlegst du wem ghört des, wo is des nächste Haus, was für a Polizei is dafür zuständig" (Interview 2a 30.07.2009).

Aus diesen Gründen verlagerten manche Soundsysteme ihre Aktivitäten in verschiedene öffentliche Clubs, wo aufgrund der Raummiete meist ein Unkostenbeitrag eingehoben werden mußte. Oder veranstalteten sogenannte „Kommerz-Parties", Tekno Parties mit 10 Euro Eintritt. Diese Entwicklung erhielt von vielen Seiten Kritik, da mit der Rückkehr in die Clubszene Free Tekno Parties einem breiten Publikum geöffnet wurden, das wenig bis kein Hintergrundwissen über die Funktionsweise von Free Parties besaß, was dementsprechende Verhaltensweisen zur Folge hatte.[82]

Um der negativen Entwicklung entgegen zu steuern wurden verschiedene Strategien ausgearbeitet, die den abhanden gekommenen Spirit wieder beleben sollten. Beispielsweise wurde von vielen Beteiligten gemeinsam ein Text verfasst, der allen wieder in Erinnerung rufen sollte, worum es bei Free Parties ging. Nur durch gegenseitigen Respekt, gemeinsame Zusammenarbeit und Eigenverantwortung aller Beteiligter, könne demnach das Funktionieren von Free Parties wieder sichergestellt werden. Diebstahl, Vandalismus und gewaltätiges Verhalten dürfe nicht akzeptiert werden und es liege in der Verantwortung aller, auf solche Vorkommnisse dementsprechend zu reagieren. Auch der destruktive Umgang einiger Beteiligter mit der Exekutive wurde in

82 vgl. http://www.malmoe.org/artikel/tanzen/1671, 22.09.2009).

diesem Zusammenhang scharf kritisiert.[83] Eine weitere Initiative stellte die „Spirit-Force-Aktion“ dar. Organisiert von mehreren Beteiligten wurde ein kurzes, gesellschaftskritisches Video gedreht und auf einer Free Party den Besuchern vorgeführt. Dazu wurde live ein kritischer Text gerappt, der die Beteiligten anregen sollte, sich wieder den Spirit von Free Tekno in Erinnerung zu rufen und sich mit den Hintergründen der Bewegung auseinander zu setzen. Die Aktion sollte die Beteiligten darüber hinaus dazu inspirieren, eine Free Party wieder als temporäre, autonome Zone wahrzunehmen, an der sich alle im Sinne des Do-it-Yourself Prinzips beteiligen können, um über das Feiern hinaus kreativ tätig zu werden. Diese Bemühungen zeigen, dass die Free Party von vielen Beteiligten nach wie vor als ein Raum aufgefasst wird, der mehr zu bieten hat, als reines Entertainment (vgl. Anhang Flyer, „FreeParty-Community“).

Auch international durchlief die Free Tekno-Bewegung ähnliche Veränderungen, wie sie sich in Österreich ereigneten. Überall wurde die Bewegung größer und sah sich mit diversen Herausforderungen konfrontiert. Sowohl in Frankreich, Tschechien als auch in Italien antworteten die Regierungen mit repressiven Maßnahmen auf Free Tekno Parties oder Teknivals. Und auch innerhalb der länderspezifischen Communities wurden diverse negative Entwicklungen thematisiert und in Internet-Foren diskutiert.[84] Viele setzten sich mit der Frage auseinander, wie den negativen Dynamiken konstruktiv entgegen gesteuert werden kann. Diese Auseinandersetzung führte auch auf internationaler Ebene zu dem bereits erwähnten Apell an alle Free Party-Beteiligten.

Inwiefern die verschiedenen Bemühungen der gegenwärtigen Entwicklung entgegenlenken können, wird sich in den nächsten Jahren zeigen.

---

83 vgl. http://viewmorepics.myspace.com/index.cfmfuseaction=viewTaggedPhoto&friendID=64279807&image UserID=173886798&imageID=28353963#u=173886798&i=28353960, 15.02.2010

84 (vgl. http://network23.org.uk/ 04.01.2009; http://www.spiral-tribe.org/engage/viewtopic.php?id=1260, 15.03. 2009).

6. Resümee

6.1. Global

Als sich Ende der 80er und zu Beginn der 90er Jahre in England eine synkretistische Allianz aus Travellern, Post-Punks, Ex-Hippies und Ravern auf den Free Festivals herausbildete, ahnte noch niemand, welche weitere Bewegung daraus hervorgehen sollte. Die von Hippies in den 70er Jahren initiierten Free Festivals beinhalteten von Anfang an mehr als nur Musik. Für viele Menschen verkörperten sie utopische Modelle einer alternativen Gesellschaft, die eine größtmögliche Freiheit von gesellschaftlichen Zwängen, und eine Ökonomie, basierend auf Reziprozität und gegenseitiger Unterstützung forcierten (vgl. St John 2009). Vor allem die ökonomische Auffassung stand dem neoliberalen Wirtschafts-Kurs der damaligen Regierung in England diametral entgegen und war auch der Musik- und Event-Industrie ein Dorn im Auge (vgl. Collin/Godfrey 1998).

Diverse Free Parties in leerstehenden Fabrikshallen und groß aufgezogene Rave-Spektakel waren wichtige Bedingungen, um ein heterogenes Publikum für die neue Electronic-Dance-Music zu generieren. Doch erst das Zusammentreffen der neuen Free Party-Bewegung mit der traditionellen Free Festival-Szene führte unter anderem zur Entwicklung der Free Tekno-Bewegung. Viele Raver, frustriert von den überzogenen und inhaltsleeren Raves, fanden in der Lebensweise der Traveller und der Tradition der Free Festivals wichtige Impulse für die neue Free Party-Koalition (vgl. Reynolds 1998). Das Do it Yourself Kollektiv aus Nottingham, dessen Wurzeln im Punk lagen, war in diesem Zusammenhang eines der ersten Sound Systeme, das den Free Festival-Cross-Over auf eine nächste Stufe führte. Indem sie Free Parties organisierten, setzten sie ein klares Zeichen gegen die Kommerzialisierung der Rave-Szene (vgl. St John 2009). Die jamaikanische Tradition der Sound Systeme übernehmend, motivierte ihr Engagement unzählige Menschen eigene

Sound Systeme zu gründen und Free Parties zu veranstalten. Auch die Mutoid Waste Company hatte, besonders in Bezug auf den künstlerischen Ausdruck auf Free Parties und Free Festivals, großen Einfluß auf die sich entwickelnde Free Tekno-Bewegung (vgl. Kap. 4.3.).

1991 stieß das Spiral Tribe Kollektiv zu der immer größer werdenden Sound System Koalition auf den Free Festivals dazu. Neben ihrer Präferenz für harten, schnellen Techno, steuerte das Kollektiv essentielle Weltanschauungen bei, die enorme Auswirkungen auf die sich später entwickelnde Free Tekno-Bewegung hatten. Durch ihren radikalen Bruch mit bisherigen Lebensentwürfen und ihrer Übernahme der nomadischen Lebensweise verkörperten Spiral Tribe die Speerspitze der mobilen Traveller-Anarcho-Dance Allianz (vgl. St. John 2009).

Als sich am 23. Mai 1992 tausende Menschen bei Castlemorton zusammenfanden, um das größte Free Festival in Englands Geschichte zu feiern, markierte dieses Ereignis den Höhepunkt der Free Festival-Kultur. Während sich über 25000 Menschen eine Woche lang in dieser temporären, autonomen Zone dem Feiern hingaben, beschloss die Regierung entschieden dagegen vorzugehen. In Form des Criminal Justice and Public Order Act wurden solche Veranstaltungen für die Zukunft unmöglich gemacht, wodurch auch die alternative Lebensweise der Traveller unter enormen Druck geriet (vgl. Reynolds 1998).

Gegen Ende des Free Festivals kristallisierten sich auch grundlegende Differenzen zwischen vielen Travellern und Ravern heraus. Die Präferenz für elektronische Musik und die Auffassung 24 Stunden Musik non-stop zu spielen, wurde lange nicht von allen Beteiligten befürwortet. Darüber hinaus hatte der verantwortungslose Umgang vieler Raver mit der Natur und die mediale Berichterstattung negative Konsequenzen auf die Lebensweise vieler Traveller (vgl. Lowe/Shaw 1993). Da der gesetzliche Beschluss des Criminal Justice Act Free Festivals undurchführbar machte und eine nomadische Lebensweise erheblich erschwerte, vollzogen einige Sound Systeme einen Exodus auf das europäische Festland.

Im Gegensatz zu Großbritannien existierte hier keine von den Hippies eingeführte Tradition der Free Festivals und auch der nomadische Lebensstil war den meisten Menschen unbekannt. Diese Bedingungen, und der erheblich größere Einfluß von autonomen Punk-Sichtweisen auf die englischen Sound Systeme, bereiteten die Grundlage für die Entwicklung der Free Tekno-Bewegung vor. Allen voran organisierten Spiral Tribe die ersten Free Parties in Frankreich und veranstalteten 1993 gemeinsam mit Bedlam, Circus Lunatic und ersten französischen Sound Systemen das erste Free Festival auf europäischem Festland. Auf diesem ersten Teknival konnten die Sound Systeme ihre Bedingung von 24 Stunden Musik non-stop von vornherein festlegen und die Besucher mit essentiellem Free Party-Wissen vertraut machen. Die Free Party- Aufforderungen wurden später in Form des Tekalogue zusammengefasst und international verbreitet (vgl. Kap.5.5.2.). Musikalisch konzentrierte sich das dargebotene Spektrum auf diverse Facetten elektronischer Musik, wobei schneller, harter Techno präferiert wurde. Vorallem französische Sound Systeme waren maßgeblich an der Transformation von Techno zu Tekno beteiligt und steuerten weitere Genres, wie beispielsweise Frenchcore, bei.

Dieses erste Teknival diente als Blaupause für alle weiteren Teknivals, die über die Jahre von immer zahlreicher werdenden Sound Systemen in vielen Ländern Europas organisiert wurden. Viele Sound Systeme übernahmen die nomadische Lebensweise, förderten Kulturaustausch und verkörperten in Form der Teknivals ein kritisches Verständnis von Unterhaltung und Kommunikation das über Nationalitäten hinweg, quer durch Europa und darüber hinaus, transportiert wurde (vgl. St John 2005, 2009). In Frankreich, Italien, Tschechien, Österreich, Polen, Spanien, Portugal, Deutschland, Slowakei, Bulgarien und den Niederlanden entstanden eigene Free Tekno Communities, die auf lokaler Ebene die Praxis von Free Parties umsetzten. Darüber hinaus verbreiteten sich Free Tekno Abkömmlinge nach Bosnien (Desert Storm), Indien (Sound Conspiracy), Australien (Mutoit Waste Company), Süd-Amerika (Audiotrix), USA (Spiral Tribe), Kanada, und Afrika.

6.2. Lokal

Die eigene Feldforschung in Österreich ließ die Bedeutung, die Spiral Tribe auf die Entwicklung der Free Tekno-Bewegung hatte, auch hierzulande sichtbar werden. Mit Unterstützung des englischen Sound Sytems wuchs auch in Österreich eine eigene Free Tekno-Community heran, die die kulturellen und sozialen Ausdrucksformen von Free Tekno aufgriff und weiter transformierte.

Die ersten Sound Systeme organisierten Free Parties nach englischem Vorbild und das gemeinsam geteilte Wissen über die im Untergrund stattfindenden Free Parties und ihrer dahinter liegenden Logik verband die Beteiligten miteinander. Diverse Free Tekno-Symboliken, wie die Spirale, die Zahl 23 oder die Op-Art-Graphik wurden übernommen, weiter modifiziert und kamen auf visueller Ebene zum Ausdruck (Flyer, Backdrops, Bekleidung,

Körperschmuck. Vgl. Kap.5.4.1., 5.4.2.) Auch diverse Free Tekno-Sichtweisen (TAZ, Tekalogue) verankerten sich im kollektiven Gedächtnis und manifestierten sich in verschiedenen Verhaltensweisen. Das gemeinsame Aufräumen nach einer Free Party, die freiwillige Spende, das Respektieren der jeweiligen Räumlichkeiten oder natürlichen Umgebungen, sowie der Respekt untereinander waren zentrale Elemente, die die Existenz dieser temporären autonomen Zonen für einen gewissen Zeitraum ermöglichte (vgl. Kap. 5.5.1., 5.5.2.). Diese gemeinsam geteilten Handlungspraxen und der Glaube an dahinterliegende Ideale, ließ Zugehörigkeitsgefühle entstehen, die die Wahrnehmung der Beteiligten als eine eigene Community verstärkten. Viele Gesprächspartner betonten immer wieder die freimütige Kommunikationsbereitschaft, die in der ersten Zeit auf Free Parties anzutreffen war. Das offene Aufeinander Zugehen und der kommunikative Austausch untereinander, waren essentielle Bedingungen für die Weitergabe von Wissen und der Aufrechterhaltung des Spirits. Darüber hinaus eröffnete diese Atmosphäre auch die Möglichkeit Erfahrungswerte in Bezug auf Drogenkonsum auszutauschen, um so einen verantwortungsbewußten Umgang mit diversen Substanzen zu erreichen (vgl. Kap.5.4.).

Auch das gemeinsame, gewaltfreie Widerstandleisten gegen polizeiliche Maßnahmen förderte ein kollektives Selbstbewußtsein als Gruppe und das Gefühl selbstbestimmt agieren zu können. Durch das Erleben konkreter Situationen wurde die Bedeutung des Zusammenhalts sichtbar und welche Macht von einer Gruppe ausgehen konnte (vgl. Kap. 5.6.).

Im Laufe der Zeit veränderten sich viele Gegebenheiten innerhalb der Community und unterschiedliche Faktoren trugen bei vielen Beteiligten zu einer negativen Wahrnehmung, die Entwicklung der Szene betreffend, bei:

- Am Beispiel des Dresscodes wurde sichtbar, wie rasch gewisse Ideale ihre Bedeutung verlieren konnten. Die grundlegende Auffassung, jeder Mensch, egal wie bekleidet, kann Teil einer Free Party werden, wurde durch den aufkommenden Dresscode in Frage gestellt. Auf der einen Seite wirkte der sich herausbildende, gemeinsam geteilte Kleidungsstil Identitätsstiftend und spiegelte oft das menschliche Bedürfnis nach Zugehörigkeit wider. Darüber hinaus konnte über die Kleidung auch politisch-kritischer Widerstand transportiert werden. Für viele Beteiligte war das gemeinsame Outfit schlichtweg eine Frage des Geschmacks. Andererseits förderten die aufkommenden Uniformierungstendenzen auch Sichtweisen, die sich gegen grundlegende Ideale der Free Tekno-Bewegung positionierten, wodurch der Anspruch „Free

Party for Free People" in Widerspruch geriet. In gewisser Weise fungierte der gemeinsam geteilte Dresscode auch als Schutzmechanismus für diejenigen, denen es schwer fiel, Differenzen auszuhalten. Dieses ausschließende Verhalten erfuhr von vielen Seiten Kritik und der einseitige Kleidungsstil wurde allmählich von mäßiger Vielfalt abgelöst (vgl. 5.4.2.).

- Der offen praktizierte Drogenkonsum hatte weitreichende, für viele Beteiligte oft negative, Auswirkungen auf die weitere Entwicklung der Szene. Die Assoziation von Free Tekno Parties mit qualitativ hochwertigen Drogen, war für viele ein Grund für den Besuch einer Free Party. Einige User erlernten durch Kommunikation und gegenseitige Aufklärung einen verantwortungsvollen Umgang mit Drogen. Viele unterschätzten diverse Substanzen und verfingen sich in Abhängigkeit. Durch die Zunahme der Free Party Besucher, nahm auch die Anzahl derjenigen zu, die Free Parties ausschließlich wegen des Konsums diverser Drogen aufsuchten. Diese Tendenz wirkte sich maßgeblich auf die Atmosphäre und den Verlauf vieler Free Parties aus. Indem der temporäre, autonome Raum von einigen ausschließlich als Drogenumschlagplatz wahrgenommen wurde, rückten zahlreiche Grundsätze, die für das Funktionieren von Free Parties ausschlaggebend waren, in den Hintergrund, oder wurden gänzlich außer Acht gelassen (vgl. 5.4.4.).

- Auch die immer repressivere Vorgehensweise der Exekutive erschwerte einen reibungslosen Ablauf von Free Parties. Fehlende Kompromissbereitschaft seitens der Polizei, sowie inadäquates Verhalten einiger Partyteilnehmer führten häufig zu Geldstrafen und der Beschlagnahmung von Sound Equipement. Während sich viele Partygäste aus der Affäre zogen, blieb die gesamte Verantwortung häufig am jeweiligen Sound System hängen (vgl. Kap. 5.6.).

Aufgrund äußerer Zwänge und dem Verlust der inneren Bedeutungsstrukturen kann eine Bewegung über die Zeit an Substanz verlieren, und zurück bleibt schlichtes Entertainment für eine konsumierende Masse. Um diese negative Vorhersage abzuwehren, wurden und werden Versuche unternommen, der Free Tekno Bewegung in Österreich wieder den benötigten Spirit einzuhauchen.

Ein notwendiges Maß an Begeisterung wird immer wieder aufs Neue Menschen inspirieren, das Prinzip des Do-it-Yourself umsetzend, selbst Boxen zu bauen, um sich eigene Sound Systeme zu kreieren. Die Erkenntnis der positiven Auswirkungen von Zusammenarbeit in einer Gruppe eröffnet die Möglichkeit verschiedenste Talente und Kompetenzen miteinander zu kombinieren. Indem kollektiv gedacht und gehandelt wird, kann sich für alle die Gelegenheit eröffnen, selbstbestimmt in den Prozess einer Free Party einzugreifen, um die Bedeutung von Freiräumen bewusst zu erleben.

> „You always have to fight for your freedom and for the freedom of the others; to show that there are alternative cultures and not just a conventional way of life.“[85]

Negative Veränderungen stoppen vielleicht die Party, aber nicht die Zukunft...

> „Illegal parties are becoming harder and harder to put on, but I think people will always keep trying because that's what really sparked our minds and got us involved in the first place. There wouldn't be a 'scene' from the beginning if we only had clubs to develop in.“ [86]

85 Yann Hekate Sound System http://datacide.c8.com/all-things-fall-and-will-be-built-again/#more-1104, 03.02.2010

86 http://datacide.c8.com/all-things-fall-and-will-be-built-again/#more-1104, 03.02.2010

7. Ausblick

In der vorliegenden Forschung konnten längst nicht alle Bereiche, die eigentlich vorgesehen waren, thematisiert werden. Neben der weiteren, internationalen Entwicklung der Free Tekno-Bewegung (Europa, USA, Kanada, Australien, Afrika, Südamerika), sind die verschiedenen Aktionen diverser Sound Systeme und DJs (Desert Storm, Mutoit Waste Company, Sound Conspiracy, Spiral Tribe, Exodus, Audiotrix, etc.), sowie eine gegenwärtige länderübergreifende Bestandsaufnahme weitere zu behandelnde Themenfelder.

Auch auf lokaler Ebene konnte auf viele, im Laufe der Forschung sichtbar gewordene, Fragestellungen nicht näher eingegangen werden. Beispielsweise stellt die „Generationen-Thematik" einen weiteren spannenden Zugang dar, der eine nähere Auseinandersetzung benötigen würde, um die Entwicklung der Bewegung in Österreich besser verstehen zu können. Einige Beteiligte der älteren Generationen teilen das Gefühl, vielen nachkommenden Jahrgängen fehle die Überzeugung und der Glaube an die Sache. Auch die eigene Generation wurde angeklagt, den Glauben an die dahinterliegende Idee von Free Parties verloren zu haben (vgl. von Gabain 2009). Manche Betroffene von jüngeren Generationen sehen sich wiederum mit der Aufgabe konfrontiert, die Free Tekno Bewegung in Österreich weiter bestehen zu lassen und vermissen gewisse Unterstützungen der älteren Generationen. Wie es mit der Entwicklung der Free Tekno Bewegung weitergeht, werden die folgenden Jahre zeigen. Keith vom Desert Storm Sound System fasst diese Dynamik folgendermaßen zusammen:

> „I think it goes in cycles. The old guard have retired, got kids etc. ... and now the new generation are coming up, and so it starts again."[87]

87 Keith, Desert Storm http://datacide.c8.com/all-things-fall-and-will-be-built-again/#more-1104, 03.02.2010

Auch der Anspruch allen Menschen den Zugang zu einer Free Party zu ermöglichen stellt in gegenwärtigen Kontexten ein nicht erreichtes Ideal der Free Tekno-Bewegung dar. Die Szene ist zwar formal offen, wird aber von „Mehrheits-Österreichern" dominiert. Warum genau dem so ist, müsste ebenfalls genauer nachgegangen werden.

In diesem Zusammenhang spielt auch die Rollenverteilung einen zu hinterfragenden Aspekt, da die Zuordnung Männer=DJs, Frauen=Bardienst nur selten aufgebrochen und in Frage gestellt wird. In dieser Hinsicht besteht nach wie vor Reflexionsbedarf und würde eine kritische Auseinandersetzung damit erforderlich machen.[88]

88 vgl. http://www.malmoe.org/artikel/tanzen/1671, 16.02.2010

8. Literatur

Anz, Philipp/ Walder, Patrick (1995): Techno. Zürich (Verlag Ricco Bilger)

Awart, Sigirt (1993): Psychische Verarbeitung der Akkulturation von Frauen in Lihir. Eine ethnopsychoanalytische Studie in Papua Neuguinea. Diplomarbeit, Universität Wien

Bachor, Claus (1995): Detroit. In: Anz/Walder (Hrsg.): Techno. Zürich (Verlag Ricco Bilger)

Bartos, Karl (1995): Techno Style. In: Pesch & Weisbeck, Zürich (Edition Olms)

Baumgartner, Evi (2007): Ketamin als Partydroge. Zum Risiko konsumbedingter sozialpathologischer Veränderungen und spezifischer Konfliktmuster sowie deren Relevanz für sekundärpräventive Einrichtungen. Wien (Verein Wiener Sozialprojekte)

Bennett, Andy (1999): Subcultures or neo-tribes? Rethinking the relationship between youth, style, and musical taste. Sociology, Vol. 33 No. 3, 599-617

Bey, Hakim (1991): Die temporäre autonome Zone. New York (Autonomedia)

Blask, Falko/ Fuchs-Gamböck, Michael (1995): Techno. Eine Generation in Exstase. Deutschland (Gustav Lübbe Verlag GmbH, Bergisch Gladbach)

Blumer, Herbert (1973): Der methodologische Standort des symbolischen Interaktionismus. In: Arbeitsgruppe Bielefelder Soziologen (Hrsg.), Alltagswissen, Interaktion und gesellschaftliche Wirklichkeit, Bd. 1. Reinbek bei Hamburg (Rowohlt)

Bourdieu, Pierre (1987): Die feinen Unterschiede. Kritik der gesellschaftlichen Urteilskraft. Frankfurt am Main (Suhrkamp Taschenbuch Verlag)

Bourdieu, Pierre/Wacquant, Loic (1992): An Invitation to Reflexive Sociology. Chicago (The University of Chicago Press)

Böpple, Friedhelm/ Knüfer, Ralf (1996): Generation XTC: Techno und Ekstase. Berlin (Verlag Volk & Welt)

Champion, Sarah (1997): Fear and Loathing in Wisconsin. In: Redhead (Hrsg.): The Clubcultures Reader. Readings in Popular Cultural Studies. United Kingdom/United States of America (Blackwell Publishers)

Collin, Matthew/Godfrey, John (1998): Im Rausch der Sinne: Ecstasy-Kultur & Acid House. St.Andrä/Wördern (Hannibal Verlag)

Comer, Ronald (2000): Klinische Psychologie. Heidelberg (Spektrum, Akademischer Verlag)

Cousto, Hans (1995): Vom Urkult zur Kultur: Drogen und Techno. Solothurn (Nachtschattenverlag)

Flick, Uwe (2000): Qualitative Forschung. Ein Handbuch. Reinbek (Rowohlt Verlag)

Fritz, J. (1999): Rave Culture; an insider's overview. Canada (Smallfry Press)

Glaser, Barney/Strauss, Anselm (2005): Grounded Theory. Strategien qualitativer Forschung. Bern (Verlag Hans Huber)

Goodman, Felicitas (1992): Trance „der uralte Weg zum religiösen Erleben." Gütersloh: GTB

Grof, Stanislav (1983): LSD-Psychotherapie. Konzepte der Humanwissenschaft. Stuttgart (Klett-Cotta)

Habekost, Christian (1996): „Rasta 'pon top" but „Ragamuffin rule". The change of a style. In: Kremser, Afro-Karibische Religionen. Teil 3, Rastafari. Wien (WUV-Universitätsverlag)

Hahn, Bernd/Schindler, Holger (1983): Punk, die zarteste Versuchung seit es Schokolade gibt. Hamburg

Hauser-Schäublin (2003): Teilnehmende Beobachtung. In: Beer (Hrg.) Methoden und Techniken der Feldforschung. Berlin (Dietrich Reimer Verlag)

Hebdige, Dick (1996): Subculture. The Meaning of Style. London/New York (Routledge)

Hemment, Drew (1998): Dangerous dancing and disco riots: the northern warehouse parties. In: McKay (Hrsg.): Party & Protest in Nineties Britain. London (Verso)

Hitzler, Ronald (2001): Techno-Soziologie. Erkundungen einer Jugenkultur. Opladen (Leske + Budrich)

Hitzler, Ronald (2005): Leben in Szenen. Formen jugendlicher Vergemeinschaftung heute. Wiesbaden (Verlag für Sozialwissenschaft)

Hofmann, Albert (2007): LSD – Mein Sorgenkind. München (Deutscher Taschenbuch Verlag GmbH&Co.KG)

Huxley, Aldous (1989): Die Pforten der Wahrnehmung – Himmel und Hölle. Erfahrungen mit Drogen. Piper Verlag

Kern, Thomas (2008): Soziale Bewegungen. Ursachen, Wirkungen und Mechanismen. Wiesbaden (VS Verlag für Sozialwissenschaften)

Klein, Gabriele (2001): Urban Story Telling: Tanz und Popkultur. In: Hitzler/Pfadenhauer (Hrsg): Techno-Soziologie. Erkundungen einer Jugenkultur. Opladen (Leske+Budrich)

Klien, Hanna (2009): Hip-Hop in Havanna. Afroamerikanische Musik im Widerstand. Wien (LIT Verlag GmbH&Co.KG)

König, Rene/ Neidhardt, Friedhelm/ Lepsius, Rainer (1984): Ethnologie als Sozialwissenschaft. Sonderheft 26/1984. Köln (Westdeutscher Verlag GmbH)

Krapf, Stefan (2001): Das moderne Nomadentum: vom Regenbogen zum Techno-Beat (unveröffentlichte Diplomarbeit an der Human- und Sozialwissenschaflichen Fakultät Wien).

Kuhn, Albert (1995): Juan Atkins. In: Anz/Walder (Hrsg.): Techno. Zürich (Verlag Ricco Bilger)

Lowe, Richard/ Shaw, Williram (1993): Travellers. Voices of the new age nomads. London (Fourth Estate Limited)

Maffesoli, Michel (1996): The Time of the Tribes. The Decline of Individualism in Mass Society. London (SAGE Publications Ltd)

Mahlstedt, Jens/ Kloos, Stefan (1995): Sven Väth. In: Anz/Walder (Hrsg.): Techno. Zürich (Verlag Ricco Bilger)

McKay, George (1998): DiY Culture. Party & Protest in Nineties Britain. London/New York (Verso)

McKenna, Terence (1991): The archaic revival: speculations on psychedelic mushrooms, the Amazon, virtual reality, UFO's, evolution, Shamanism, the rebirth of the goddes, and the end of history. New York

Moscovici, Serge (1984): The phenomena of social representations. In: R.M. Farr/ Moscovici (Hrsg.) Social representations. Cambridge (Cambridge Uiversity Press)

Müller-Ebeling, Claudia/ Rätsch, Christian/ Storl, Wolf-Dieter (1998): Hexenmedizin. Aarau (AT Verlag)

Nadig, Maya (1986): Zur ethnopsychoanalytischen Erarbeitung des kulturellen Raums der Frau. In: Haase (Hrsg.): Ethnopsychoanalyse. Wanderung zwischen den Welten. Stuttgart (Verlag Internationale Psychoanalyse)

Pesch, Martin/ Weisbeck, Markus (1995): Techno Style. Zürich (Edition Olms)

Przyborski, Aglaja/Wohlrab-Sahr (2008): Qualitative Sozialforschung. Ein Arbeitsbuch. München (Oldenbourg Wissenschaftsverlag GmbH)

Puschl-Schliefnig, Benjamin (2008): Die Goa-Szene. Annäherung an das Phänomen Goa-Parties. Diplomarbeit. Alpe-Adria Universität Klagenfurt

Rätsch, Christian (1998): Schamanismus, Techno und Cyberspace. Von „natürlichen" und „künstlichen" Paradiesen. Solothurn (Nachtschatten Verlag)

Redhead, Steve (1997): The Clubcultures Reader. Readings in Popular Cultural Studies. Oxford, UK (Blackwell Publishers Ltd)

Reynolds, Simon (1997): Rave Culture: Living Dream or Death?. In: Redhead (Hrsg.): The Clubcultuers Reader. Readings in Popular Cultural Studies. Oxford, UK (Blackwell)

- (1998): Generation Ecstasy. Into the world of techno and rave culture. New York (Routledge)

Rietveld, Hillegonda (1997): The House Sound of Chicago. In: Redhead (Hrsg.): The Clubcultures Reader. Oxford, UK (Blackwell)

- (1998): Repetitive beats: free parties and the politics of contemporary DiY dance culture in Britain. In: Mc Kay (Hrsg.): Party & Protest in Nineties Britain. London (Verso)

Rimbaud, Penny (1999): Der Traum. Der letzte Hippie und das Stonehenge-Festival. In: Sterneck (Hrsg.): Cybertribe-Visionen. Hanau/Solothurn (Komista & Nachtschatten)

Schlehe, Judith (2003): Formen qualitativer ethnographischer Interviews. In: Beer (Hrg.): Methoden und Techniken der Feldforschung. Berlin (Dietrich Reimer Verlag GmbH)

Schroers, Arthur (2001): Drogengebrauch im Techno-Party-Setting. In: Hitzler/Pfadenhauer (Hrsg): Techno-Soziologie. Erkundungen einer Jugendkultur. Opladen (Leske+Budrich)

Schülein, Johann/ Brunner, Karl-Michael (2001): Soziologische Theorien. Eine Einführung für Amateure. Wien (Springer-Verlag)

Shapiro, Harry (1995): Sky High. Droge und Musik im 20. Jahrhundert. St.Andrä-Wördern (Hannibal Verlag)

Shulgin, Alexander/Shulgin Ann (1991): Pihkal. A Chemical Love-Story. Berkeley (Transform Press)

Sterneck, Wolfgang (1998): Der Kampf um die Träume. Musik und Gesellschaft

- (1999): Cybertribe – Visionen. Hanau / Solothurn (Nachtschatten Verlag & KomistA)

- (2003): Psychedelika – Kultur, Vision und Kritik. Solothurn/Hanau (Nachtschatten Verlag KomistA)

St John, Graham (2005): Outback vibes: sound systems on the road to legitimacy. Postcolonial Studies, Vol.8, No.3, pp 321-336

- (2005): Off Road Show: Techno, Protest and Feral Theatre. Journal of Media & Cultural Studies, Vol. 19, No.1, pp. 5-20

- (2009): Technomad. Global Raving Countercultures. London (Equinox Publishing Ltd)

Stone, C.J. (1996): Fierce Dancing. Adventures in the Underground. London (Faber and Faber Limited)

Wernhart, Karl/Zips, Werner (2008): Ethnohistorie. Rekonstruktion und Kulturkritik. Eine Einführung. Wien (Promedia Druck- und Verlagsgesellschaft m.b.H.)

Wildermann, Gregor (1995): Acid. In: Anz/Walder: Techno. Zürich (Verlag Ricco Bilger)

Wilson, Brian (2006): Fight Flight or Chill. Subculture, Youth and Rave into the Twenty-First Century. Montreal&KIngston, London, Itaca (McGill-Queen's University Press)

Wilson, Brian/Atkinson, Michael (2005): Rave and Straightedge, the Virtual and the Real. Exploring Online and Offline Experiences in Canadian Youth Subcultures. In: Youth & Society, Vol. 36 no.3, March 2005 276-311. Sage Publications

Wright, Mary, Anna (1998): The Great British Ecstasy revolution. In: McKay (Hrsg.): DiY Culture. Party & Protest in Nineties Britain. London (Verso)

Yinger, John Milton (1984): Countercultures: The Promise and Peril of a World Turned Upside Down. New York (Free Press)

Audio-visuelle Quellen

World Traveller Adventures (2004). DVD, Paris (France)

Weiterführende Internetquellen

www.spiral-tribe.org
www.acidtekno.at
www.monotomsystem.de
www.spacelink23.org
www.inter.zone.cz
www.protek.freetekno.de
www.freetekno.de
www.techno.de
http://narkotek.free.fr
www.undergroundtekno.com
http://network23.org.uk/
www.partyvibe.com
www.tekno-store.org
www.childrenofchaos.xy.tc
www.shebaka.org
http://www.checkyourdrugs.at/data/_static/beratung/index.html

http://www.nospaceisinnocent.org.
http://www.spiral-tribe.org/understand/page14.html
http://www.youtube.com/watch?v=mhH3CvHA9wo
http://super.tacheles.de/cms/
http://www.freeundergroundtekno.org/sound-systems
http://shockraver.free.fr/home.htm
http://www.tekknoost.de/pages/tekknoost/links.htm
http://www.freetekno.cz/
http://www.freetekno.nl/
http://www.lediableaucorps.org/
http://metek.free.fr/
http://www.audiotrix.org/
http://www.mutoidwastecompany.co.uk/
http://zoneofthefree.blogspot.com/
http://www.underave.net/
http://soundconspiracy.free.fr/index2A.htm
http://cyberrise.de/
http://www.ohmsnotbombs.org/aboutus.php

9. ANHANG

Interviews

Interview 1a 30.07.2009, Wien
Interview 1b 28.01.2009, Wien
Interview 2a 30.07.2009, Wien
Interview 2b 24.02.2009, Wien
Interview 3a 23.10.2009, Wien
Interview 3b 01.04.2009, Wien
Interview 4a 22.11.2009, Wien
Inteview 4b 08.06.2009, Wien
Interview 5b 15.06.2009, Wien

Abbildungsverzeichnis